현대신서
197

폭 력
'폭력적 인간'에 대하여

로제 다둔

최윤주 옮김

東文選

폭 력

Roger Dadoun
Le violence
Essai sur l''homo violens'

© HATIER, 1993

All rights reserved
This edition was published by arrangement
with HATIER, Paris
through Sibylle Books Literary Agency, Seoul

차 례

서론: '폭력적 인간' — 7

Ⅰ. 폭력의 형상 — 14
1. 〈창세기〉 — 16
2. 인종 말살 — 25
3. 테러리즘 — 37

Ⅱ. 폭력의 여정 — 46
1. 탄생, 유년기, 청년기 — 49
2. 성, 노동, 이성 — 60
3. 이타성(異他性), 동일성 — 66
4. 시간, 죽음 — 72
5. 공포 — 78

Ⅲ. 권력과 폭력 — 84
1. 목적으로서의 폭력: 전체주의 — 86
2. 수단으로서의 폭력 — 92
3. 도전으로서의 폭력: 민주주의 — 101

결론: '파괴하다?' — 105

참고 도서 — 115
색 인 — 117

서론: '폭력적 인간'

 대지의 야수와 같은 손아귀에서 간신히 몸을 빼고 나온 인류는 서서히 몸을 펴 직립 상태를 획득한다. 이것이 두려움과 경이에 찬 시선으로 주위를 둘러보는, 꿋꿋이 선 인간, **호모 에렉투스**인 것이다. '아! 얼마나 광활한 땅인가! 이것을 다 걸어야 하고, 탐험해야 하고, 알아야 하고, 정복해야 한다니!' 자신을 둘러싼 세계에 대해 의문을 갖기 시작하는 순간 인간은──이것이 바로 진화의 논리인데──자기 자신, 다시 말해서 스스로의 존재라는 이 내밀하고도 새로운 신비에 대해 동시에 자문하게 된다. "나는 누구인가?" **인간이란 무엇인가**? 이 질문이야말로 인류가 드디어 자아를 의식했다는 사실의 표지인 동시에 그 정의인 바, 이로부터 이 질문은 끊임없이 되풀이되고 아무리 해도 손에 잡히지 않는 철학적 질문의 전형, 즉 사상의 영원한 축이 되는 것이다.

 태초 이후로 등장한 인류 유형의 서열 안에 인간을 자리매김함으로써 적어도 진화론은 일종의 대답을 우리에게 제시하는 것으로 보인다. 그들에 따르면 인간이란 **호모 사피엔스**라 일컬어지는데, 이는 지식·의식·사고·이성, 다시 말해서 동물계 그리고 영장류들 가운데 가장 높은 수준에서 '지성'이라 불리는 최상의 능력을 소유하는 존재이다. 그러나──우리가 한두

번 유감스럽게 생각한 것이 아니지만——**호모 사피엔스**라는 명칭, 심지어 **호모 사피엔스 사피엔스**라고 재차 강조되기까지 한 이 개념은 인간 구조의 다른 결정적 차원들을 무시한 채, 인간의 지적 능력에 자화자찬으로 지나치게 많은 몫을 할당한다. 따라서 **호모 사피엔스**라는 유식하게 라틴어식으로 만들어진 이 용어를 모델로 삼아 여러 학자들이 그들 학파의 주장에 따라 새로운 명칭들로 인간 구조를 부르고 있음을 볼 수 있는 것이다. 예를 들어 철학자 앙리 베르그송은 인류의 먼 조상, **호모 하빌리스**에서 유래한 인간의 생산 능력을 강조한다. "만일 우리가 인간의 오만함을 완전히 벗어 던지고, 인간이라는 종을 정의하기 위해 역사와 선사 시대를 통해 드러나는 인간과 지성의 항구적인 특징만을 고려한다면, 아마도 우리는 **호모 사피엔스**가 아니라 **호모 파베르**란 말을 써야 할 것이다."[1]

정치 철학자 한나 아렌트는 "**호모 파베르**라는 용어의 단호하고도 일방적인 노동 경향"을 비판한다. 그녀는 카를 마르크스가 발전시킨 "노동을 통한 인간의 창조"라는 원칙을 상기시키면서 바로 이 원칙에 힘입어 "마르크스는 인간에 대한 전통적 정의인 **이성의 동물**을 **노동의 동물**로 바꾸려고 했다"[2]고 주장한다.

동물이라는 단어는 놔두고 **호모**라는 말을 다시 보자. 그리하여 노동을 통해서, 노동에 의해서 스스로를 완성하는 존재, **호**

---

1) Henri Bergson, 《창조적 진화 *L'Évolution créatrice*》(1907), in *Œuvres*, P.U.F., 1970, p.613.
2) Hannah Arendt, 《현대인의 조건 *Condition de l'homme moderne*》, Calmann-Lévy, 1961, p.98.

모 라보랑스의 형상이 분명히 드러나도록 하자. 이를 위해 우리는 한나 아렌트의 성찰에 입각해야 하지만 그녀가 생각한 것보다는 훨씬 더 멀리 나아가야 할 것이다. 그러나 혹자는 즉각 다음과 같은 반론을 제기할 것이다. 노동만이 전부가 아니다. 놀이가 있다, 즉 "유희하는 인간이 있다"는 것이다. 네덜란드 역사가 요한 호이징가는 자신의 책 《호모 루덴스》에서 바로 이런 유의 인간을 소개하고 있다. 그는 이 책에서 "놀이란 생산하는 것만큼이나 중요한 기능"을 담당한다는 것을 보여줌으로써 "모든 것이 놀이"[3]라는 총체적 결론에 이른다.

아리스토텔레스가 인간을 정의한 **"정치적 동물"**이란 명구는──**호모 폴리티쿠스**라고도 번역할 수 있을 것이다──인간이 사회 생활을 하도록 되어 있으며, 그는 공동체에 의해서 그리고 공동체를 위해서 만들어졌을 뿐 아니라, 진정한 의미에서 정치적 행동이란 그와 불가분의 관계에 있다는 점을 분명히 지적한다. 이렇듯 언어상의 유사한 특징들이 우리의 주위를 끌며, 인간 활동의 여러 가지 양상들을 보여준다. 예를 들어 **호모 를리지우스·호모 에코노미쿠스·호모 에스테티쿠스**가 그것인데, 이 각각은 인간과 성(聖), 인간과 교환 및 생산, 인간과 미(美)에 보다 큰 가치를 부여한다. 만일 여기에서 생각을 좀더 진전시켜 본다면, 우리는 사회의 위계질서에 중요성을 두는 **호모 히에라리쿠스**를, 그리고 그에 맞서 평등 사상으로 무장한 대중

---

3) Johan Huizinga, 《호모 루덴스, 유희의 사회적 기능에 관한 논고 *Homo ludens, essai sur la fonction sociale du jeu*》(1938), Gallimard, 1988, p.11.

적 인간, **호모 아에칼리스**를 만나게 될 것이다. 이렇게 해서 우리는 **호모류(類)**의 변형을 오래오래 계속할 수도 있으리라…….

그러나 본 연구의 목적은 인간의 또 다른 하나의 특징을 소개하는 것인데, 우리로써는 이 특징이 인간에게 있어 가장 중요하고 근본적이며 심지어 인간이란 존재의 본질을 구성한다고 본다. 그것은 바로 폭력이다. 우리가 여기에서 소개하고 분석하고자 하는 **호모 비오랑스**, 즉 **폭력적 인간**이란 근본적으로 폭력에 의해서 정의되고 폭력으로 구조화된 인간이란 존재이다.

폭력에 대해서 우리는 일반적으로 외적인 측면들만을 고려하는데, 이를 테면 정치적·심리적 또는 기타 여러 다른 요인들에서 비롯된 각종 표출 현상들이 그것이다. 그런데 이러한 요인들은 인간의 의지로는 어떻게 해 볼 수조차 없는 것이며, 아무리 싫어도, 심한 말로 하자면, 얻어맞아 가면서까지 인간이 감수해야 하는 것들로 보인다. 이렇듯 우리는 폭력의 제어 불가능한 측면들을 강조하며, 이는 끊임없이 되풀이되는 다음과 같은 상투적 표현들을 통해 알 수 있다. 즉 '폭력의 분출'은 물론이고, '격렬한 폭력' '폭발하는 폭력,' 그리고 더 나아가 '다시 머리를 드는 폭력' '강도를 더해 가는 폭력' '폭력의 악순환' 등이 그것이다. 이와 동시에 '맹목적 폭력'과 '그 출처가 어디인가에 상관없이 모든 폭력'이 고발되고 있다.

이런 식으로 다루어질 경우, 폭력은 그것이 아무리 흉악하고 살상적인 것이라 할지라도 거의 지엽적인 사항이나 '신문 사회면의 기사' 정도로밖에는 안 보이거나, 아니면 좀더 심각한 경우, 어떤 역사적 필연성에서 기인한 갑작스럽고 돌발적인 사건으로밖에는 취급되지 않는 경향이 있다. 이때 사람들은 쉽사리 이를 그저 이성의 상실이라던가, 부조리라던가 또는 광기의 탓으로 돌린다. 그것도 아니라면 종교적 전통이 폭력을 악이나 죄의 한 변형으로 취급하는 것이다. 프레데릭 고생은 《개인 폭력, 집단 폭력》을 다룬 최근 한 기사에서 이제는 끔찍하게도 우리에게 친근해져 버린 기나긴 타령조의 폭력 행위 목록을 제시하는데, 여기에는 죄의식뿐 아니라 일종의 병적 성향이 내포되어 있다. "연쇄 살해, 유아 살해, 테러리즘, 고문, 아동 범죄, 조직 폭력, 성폭력, '소수 민족 박해'(…) 인간들이 계속 **저지르는** 개인적 또는 집단적 폭력을 열거하자면 끝이 없다. 아우슈비츠 유대인 학살과 히로시마 원자폭탄 투여 후 50년이 지난 지금도 인류는 그들을 파멸의 구렁텅이로 완전히 **빠뜨릴** 뻔했던 자기 파괴적 광기에서 여전히 **치유되지** 않았다. 공포의 한계선을 멀리 끝없이 밀어붙이기 위해서 인간은 온갖 **병적** 상상력을 다 동원하고 있는데, 이는 참으로 놀라운 것이다."[4]

그러나 우리의 경우, 종교나 병리학과 관련된 자료들을 근거로 한 판단은 가능한 피하고자 노력할 것이지만, 악·죄·벌·고통·증오·부조리·광기 등의 개념들을——이 모든 개념들이 폭력과 연관을 맺고 있는 듯하기에——폭력의 매우 포괄적인 범주 안에 포함시킬 것임에는 분명하다. 폭력이란, 사실 당연한 말이겠지만, 무력·위력·기력·권력과 연관된 모든 것을

---

4) Frédéric Gaussen, 《개인 폭력, 집단 폭력 Violence privées, violence collectives》, 1993년 4월 2일자 《르몽드》 신문, p.2.

──미묘한 차이점을 열거할 필요없이──포함한다. 따라서 바로 이 점이 우리가 보기에는 폭력 개념의 확장이라는 것이며, 우리는 인간 생활의 어떤 측면도 폭력과 연결되지 않은 것이 없다고 주장할 것이다.

여기서 라틴어 어원은 시사적(示唆的)일 뿐 아니라 필요한 경우, 마치 보증서와도 같은 역할을 할 수 있을 것이다. '비올랑스(violence)'라는 단어는 라틴어 **비스(vis)**에서 유래하며, 이는 '폭력'을 의미할 뿐 아니라 '무력' '저력' '위력'을 뜻한다. 더 정확히 말해서 **비스(vis)**란 '힘의 발휘' '폭력 행위' 그리고 '군대의 힘'을 가리킨다. 그러나 무엇보다도 우리의 주목을 끄는 점은 **비스(vis)**가 '근본적 특징,' 존재의 '본질'을 지칭하는 데 사용되기도 한다는 점이며, 이는 폭력을 인간의 본질──필연적으로 '자기 파괴적'이기에 실상 매우 기이한 본질──로 보는 우리의 가설을 뒷받침한다. 가피오 사전에 수록된 또 다른 암시적 설명에 따르면[5] **비스(vis)**는 '수량' '군중'의 뜻도 포함하고 있으며, 이 점은 우리에게 다음과 같은 당혹스러운 의문을 자아내도록 한다. "군중이여, 그대의 이름은 폭력인가?" 물론, 어원이란 아무리 설득력이 있다고 할지라도 논지의 근거가 될 수 없을 뿐 아니라, 어원적 설명이 흔히 범하기 쉬운 의미 해석의 자유분방함을 고려할 때, 심지어는 우리에게 불신감마저 불러일으킬 것이다. 따라서 **호모 비오랑스**, 즉 **폭력적 인간으**

---

5) Félix Gaffiot, 《가피오 라틴어-불어 사전 *Le Gaffiot Dictionnaire Latin-français*》, Hachette. 〔역주〕

로 설정된 인간이란 존재에게 있어 폭력을 하나의 본질적 구성 기능으로 보는 우리의 가설은 앞으로 우리가 제시하게 될 구체적인 설명·분석·자료·해석을 통해서만 유효할 것이다.

 우리가 구상하는 폭력이라는 개념에 단단하고 기준이 되는 토대를 부여하기 위하여, 이를테면 이 개념이 우리의 관찰과 논지 전개의 최종 단계에서 뚜렷이 드러나도록 하기 위해 우리는 제I부에서 〈창세기〉, 인종 말살 그리고 테러리즘이라는 제목 아래 **폭력의 세 가지 극단적 형상들**을 상기하는 것으로부터 시작할 것이며, 제II부에서는 폭력의 여정을 차례대로 하나하나 밟아 나갈 텐데, 탄생에서 죽음까지, 즉 유년기·청년기·장년기·노년기의 각 과정과 단계들을 거치면서 노동·성·자아·이성·교육 등이 검토될 것이다. 제III부에서는 **권력**과 **폭력**이 맺는 놀라운 친화력과 공조 관계에 대해서 살펴볼 것이다. 현대의 정치 체제가——전체주의와 민주주의 체제 모두에서——폭력을 어떻게 구체적으로 보여주는가? 사드·홉스·소렐·사르트르와 같이 매우 암시적이거나 직접적인 영향력을 행사하는 정치철학 이론들을——생소한 감이 없지 않으나——서로 대조해 봄으로써 우리가 얻을 수 있는 지식이 있다면 그것은 무엇인가? 독자에 대한 일종의 폭력이 될 수 있는 극도의 포화 상태에 이르러——얼마나 폭력이 산재해 있는가!——우리는 격렬한 후회를 동반할지도 모르나, 마지막 순간의 자성을 통해, 예술이 그 특유의 강력한 힘과 모호성으로 인해 폭력과 영원한 힘겨루기를 하고 있는 **폭력적 인간**의 가장 확실한 지원자가 아닌지 묻게 될 것이다.

I
폭력의 형상

 극단적인 것은 이를테면 과도함을 가리키며, 강압·억압·강제·압제 등 한마디로 말해서 폭력을 내포한다. 〈창세기〉, 인종말살 그리고 테러리즘과 같은 개별적 요소들 전체를 폭력의 극단적 양상들로 다룸으로써 우리는 폭력의 작용이 어디까지, 어떤 **극한 지점**까지 이를 수 있는지를 분명히 나타내고자 한다. 에밀 오치가 번역한 성경책에 의하면 〈창세기〉는 "펜타튜크 또는 토라(율법; Torah)라고 불리는 다섯 권의 책 가운데 첫번째에 해당하며, 이렇게 해서 〈창세기〉는 성서의 가장 첫 부분을 차지한다."[1] 우주와 인간의 탄생을 이야기하면서 성서는 **제네시스**, 그리스어로 기원을 의미하는 시간의 **극점**으로 우리를 인도한다. "태초에 신이 땅과 하늘을 창조했다." 태초의 이미지가 서양 문화 전체에 얼마나 큰 영향을 미쳤으며, 또한 계속해서 얼마나 큰 영향을 주고 있는가는 이미 너무나 잘 알려져 있는 사실이다. 더욱이 기원을 중심으로 하는 상상의 구조물들

---

1) 성서(La Bible), 에밀 오치(Émile Osty)와 조제프 트링케(Joseph Trinquet)의 번역 및 주해, Seuil, 1973, p.19(본 연구는 상기 번역본의 성서를 참고로 한다).

──이 엄청난 환상의 위력──이 〈창세기〉의 상징적 · 비유적 · 신화적인 다양한 장면들에서 유래한다는 점 역시 더 이상 새로운 이야기가 아니다. 말 그대로 최초의 폭력이 바로 이러한 장면들에 내재해 있다는 것, 따라서 이 점을 분명히 하는 것이 보다 바람직할 것이다.

인종 말살은 **호모 사피엔스** 특유의 관행들 가운데 하나로, 그 유래는 아주 오랜 옛날로 거슬러 올라간다. 대학살과 민족 말살은 역사의 도도한 흐름 위에 점철되어 있다. 하나의 종교 혹은 어떤 공동의 목적을 중심으로 합심한 사람들이 그들의 동족──동족이나 다르다는 판단 아래──을 공격해서는 그들을 죽이고, 그것도 대량으로 학살하고, 가능한 한 완전히 몰살시킨다. 그 한 예로 프랑스 역사 교과서는 성 바르텔르미 축일의 대학살을 들고 있다. 1572년 8월 23-24일 양일간 파리에서만 약 3천 명의 개신교도들이 가톨릭교도들에 의해서 떼죽음을 당했다. 한편, **민족 말살**은 더 대대적이고 보다 철저한 인종 말살의 한 형태로서, 이는 어떤 공동체 구성원 전체를 대상으로 한 의도적이고 계획적이며 체계적인 파괴 행위이다. 목표가 완전히 달성되었던 적도 있으며, 이로 인해 집단 전체 또는 부족의 구성원 모두가 지구상에서 완전히 사라지기도 했다. 예를 들어 호주 대륙 남부에 거주하던 원주민 부족인 타스마니족의 최후는 영국인들에 의해 1877년 자행되었다. 그렇지만 대부분의 경우, 특히 그 수가 많고 전세계에 흩어져 살고 있는 민족인 경우에는 수천 또는 수백만이 몰살당했음에도 불구하고 생존자들이 지금도 살아 있다. 가장 극단적인 예는 제2차 세계대전 직전 그리고 이 기간 동안 6백만 명의 유대인이 나치에 의해 목숨을 잃은 '홀로코스트,'[2] 이스라엘어로 **쇼아**[3]라고 불리기도 하는 민족 말살이다.

테러리즘은 정치적이거나 종교적인 목적, 이념의 대대적 선전, 전략적 또는 전술적 음모의 실행 그 이상으로, 폭력을 적나라하게 드러낸다. 테러리즘이란 아무 때나, 어디에서나, 누구에게나 공격을 가함으로써 '폭력적 분위기'를 지구의 한 극에서 다른 한 극까지 일제히 사방으로 퍼지게 하려는 것 말고는 아무것도 아니다. 폭력, 그리고 그것의 가장 어두운 면에서 공포는 이렇게 해서 친근하고, 가깝고, 늘 곁에 있는 우리 각자의 동반자가 되는 것이다. 테러리즘은 폭력을 당하는 사람에게나 혹은 폭력을 가하는 사람에게나 상관없이 인간의 가슴 한가운데 폭력이 얼마나 은밀히 자리잡고 있는지를 느끼도록 한다.

1. 〈창세기〉

'태초에……' 폭력이 있었다. 이것이 바로 〈창세기〉에서 흔히 차용되는 주요 구절들 중의 하나이며, 성서에 그대로 혹은

---

2) holocauste: 구약 시대에 이스라엘 민족이 야훼신에게 올렸던 가장 일반적인 동물 희생 의식으로, 짐승을 불로 태워 그 연기가 하늘로 올라가도록 하는 번제를 뜻한다. 〔역주〕

3) **Shoah**: 대학살을 뜻하는 히브리어로, 일반적으로 유대인 대학살을 칭한다. 〔역주〕

우회적으로 기록되어 있다. 혼돈을 가르며 인간을 비롯한 생명체와 만물을 만들어 내보이는 신의 움직임이 연이어 펼쳐진다. 시종일관 무겁게 흐르던 폭력은 카인이 그의 동생 아벨을 살해하는 장면에서 절정에 달해 명백히 표출된다. 서막을 알리는 이 최초의 범죄가 그 어떤 납득할 만한 이유도 없이 저질러졌기에 정제되지 못한 폭력, 다시 말해 순(純)폭력으로 보인다는 점에서, 바로 이 최초의 범죄를 우선 따라가 보는 것이 바람직할 터이다. 성서가 전하듯이 카인이 '심히 분하여' 아벨을 살해했다고 말하는 것은 동어반복이다. 분노란 그 자체로 이미 폭력의 전형적 표출이며, 내면적·심리적 측면에서 볼 때 폭력적 행동의 대표적 표현인 것이다. 그런데 이 범죄적 폭력 행위의 유래가 다름 아닌 여호와 하나님이라는 사실로 인해서 카인의 폭력이 '순수하고' 절대적인 것으로 정의될 수 있을 것이다. 형제는 그들이 정성 들여 일군 노동의 산물들 중에서 가장 좋은 것을——농사짓는 카인은 '땅의 소산'을 가지고, 양 치는 아벨은 "그의 양떼들 중의 첫 새끼들"로——"제물로 삼아 여호와 하나님께" 드린다. 인자하기 그지없고, 피조물들로부터 추앙받는 신이 흡족해했을 서정적이며 상서로운 성서의 한 장면. 그러나 여호와 하나님은 모든 것을 다 망쳐 버린다. 아벨이 헌납한 제물은 받았으나 카인의 제물은 밀쳐 놓은 것이다. 신의 변덕, 전지전능한 신의 독단적인 행동이라니! 물론 여호와가 아벨이 바친 어여쁜 동물로부터 그 다음 희생물의 피냄새를 맡을 수 있었다고 생각할 수도 있겠지만……. 여호와가 카인을 탓하고 벌하자, 카인은 이어 살인을 저지른다.

최초의 형제 살인으로 인해서 폭력이 그 절정에, 극한 지점에 이르는데, 이순간 우리는 일종의 반작용에 의해 바로 이 '태초에' 까지 거슬러 올라가 형제 살인 사건 전에 있었던 모든 이야기들에게까지 폭력이 분출되어 뒤덮이도록 한다. 또 다른 한편에서 우리는 동시에 완전히 대칭적으로, 이 살인 사건이 그 이후에 계속 벌어지는 사건들에 영향을 미치게 되어, 길고도 끝없이 이어지는 후대의 범죄들에 일종의 모태 역할을 하고 있음을 보게 된다. 그 중 한 예가 바로 샤를 페기가 자신의 시, 〈테베를 공격하는 7인〉에서 그려낸 형제 살해의 장면이다. 이 작품에서 페기는 '형제 살해의 문'을 가리키면서 폭력을 공포의 미래로 또다시 불러내는 최후의 문장을 다음과 같이 적고 있다. "에테오클레스는 동생 폴리네이케스를 기다리고 있었다."[4] 우리는 즉각적으로 아벨이 살해당하기 전으로 돌아가 금지되었던 선악과를 따 먹은 죄인, 아담과 하와가 혹독한 저주를 받은 사실에 주목한다. 신의 벌은 전례로 남을 가혹한, 다시 말해 극단적이고 절대적인 폭력 행위이다. 여자는 출산이라는 근본적 자연 활동으로 폭력의 대상이 된다. 여호와 하나님이 다음과 같이 이르신다. "내가 너의 잉태하는 고통을 크게 더하리니 네가 고통 속

---

4) Charles Péguy, 〈테베를 공격하는 7인 Les sept contre Thèbes〉(1912), in *Œuvres poétiques complètes*, coll., 〈Bibliothèque de la Pléiade〉, Gallimard, 1967, p.832. 〔그리스 신화에 나오는 영웅, 오이디푸스와 이오카스테의 두 아들. 아버지가 테베에서 쫓겨난 뒤 폴리네이케스와 에테오클레스는 왕위를 다투다가 1년씩 교대로 나라를 다스린다는 약속을 한다. 먼저 왕이 된 에테오클레스가 약속을 지키지 않자 화가 난 폴리네이케스는 아르고로 가서 그곳의 영웅들을 이끌고 테베를 공격한다. 결투로 두 형제 모두 죽는다.—역주〕

에서 자식을 낳을 것이다." 여성의 육체에, 생명체를 만드는 그녀의 몸속에, 자애로운 그녀의 몸 안에, 존재의 공포가 이후로 영원히 새겨지게 되는 것이다.

남자 역시 가혹한 저주를 받았으니, 그의 존재에 기반을 이루는 모든 것이 상처받는데, 주위 환경, 생존 활동, 한정된 시간이 그것이다. "땅은 너로 말미암아 저주를 받고 너는 종신토록 수고하여야 그 소산을 먹으리라. (…) 네가 흙으로 돌아갈 때까지 얼굴에 땀을 흘려야 먹을 것을 구하리니. (…) 너는 흙이니 흙으로 돌아갈 것이다."[5]

기원으로 거슬러 올라감에 따라, 인간을 공격하고, 인간의 육체와 그의 생존 활동과 그의 존재 자체에 폭력을 행사한 저주가 이중 폭력의 산물이라는 점이 드러난다. 선악과에 명시된 금기를 인간이 위반한 폭력이 그 하나라면, 금한다는 것이 이미 내포하는 폭력이 또 다른 하나이다. 사실, 여호와 하나님이 카인에게 받은 제물은 거들떠보지도 않은 채 아벨의 제물을 받으심이 이해할 수 없는 일이었듯이, 수많은 것들 가운데 하필 가장 뛰어난 특성들로 가득한 물건을——"여자가 그 나무를 본즉 먹음직도 하고 보암직도 하고 지혜롭게 할 만큼 탐스럽기도 한 나무인지라"[6]고 씌어 있지 않은가?——금하여 인간의 욕망이 범하지 못하도록 하신 것 또한 납득하기 어려운 일이다. 결국 금기-폭력은 신의 질투심을 자양분으로 삼는다. "여호와 하

---

5) *La Bible*, *op.cit.*, p.41. 〔〈창세기〉 제3장 17절-19절: 역주〕
6) *Ibid.*, p.40. 〔〈창세기〉 제3장 6절: 역주〕

나님이 가라사대 보라 이 사람이 선악을 아는 일에 우리 중 하나같이 되었으니 그가 그 손을 들어 생명나무 실과도 따먹고 영생할까 하노라."[7] 경쟁자로 정하신 인간과 마주하고 있는 신의 그것보다 더 위협적인 모습이 과연 있을까? "여호와 하나님이 그 사람을 쫓아내시고 에덴 동산 동편에 쉐루빙 그룹들과(제2위 천사들) 두루 도는 불 칼을 두어 생명나무의 길을 지키게 하시니라."[8] 친근하면서도 두려운 존재인 뱀은 매혹적이고 관능적이며 불경스럽기까지 한 움직임으로 똬리를 틀며 폭력에서 비롯된 악순환을 그린다.

〈창세기〉의 첫 부분을 지금 다시 읽는다면 우리는 매우 긍정적인 측면만을 발견할 것이다. 신의 창조 행위, 즉 혼돈과 어둠으로부터 솟아오르는 세상의 출현보다 그 무엇이 더 열정적이고 경이로울 수 있겠는가! 그렇지만 다음과 같은 의구심을 지울 수가 없다. 앞에서 우리가 여러 차례 열거한 폭력이——카인의 살해, 아담과 하와, 그리고 그들로부터 시작돼서 인류 전체에게 내려진 저주——조물주 하나님의 제일 첫번째 창조에서부터 이미 어렴풋하게나마 내재되었던 것은 아닌지…….

여호와 하나님이 그렇게 말씀하듯이, 인간을 "자신의 형상, 곧 하나님의 형상대로" 창조함으로써 하나님은 인간으로 하여금 살아 있는 모든 것들을 다스리도록 하는 과도한 특권을 부여한다. 인간의 권한은 여호와 하나님이 자신의 영광스러운 창

---

7) *Ibid.*, p.42. 〔〈창세기〉 제3장 22절: 역주〕
8) *Ibid.*, p.42. 〔〈창세기〉 제3장 6절: 역주〕

조물, 즉 인간의 형상을 만드는 바로 그 순간, 약속하고 또 약속한 바 있다. 신은 "그가 바다의 고기와 공중의 새와 육축과 온 땅과 땅에 기는 모든 것을 다스리길"[9] 진심으로 원한 것이다. 이 계획은 곧이어 인간이 창조되자마자 재차 언급되는데, 하나님은 "생육하고 번성하여 땅에 충만하라, 땅을 정복하라, 바다의 고기와 공중의 새와 땅에 움직이는 모든 생물을 다스리라"[10]고 명하신다. "정복하라" "다스리라" 이렇듯 불같은 호령 속에서, 이를테면 폭력을 선동하는 듯한 분위기를, 아니 그렇지 않다면 적어도 잠재적인 상태로 내재한──실재 행동으로 옮길 기회야 얼마든지 있을 것이다──폭력을 어떻게 간파하지 않을 수 있겠는가.

"우리의 형상에 따라, 우리의 모양대로 사람을 만들고……."[11] 널리 알려진 이 구절은 신의 '형상'이라는 정의 자체가 내포하듯이 신비에 가득 차 있으며, 신성과 인성의 깊은 유사성을 표시하는 것으로 종종 해석되어 왔다. 오치가 번역한 성경의 주해에 강조된 바도 바로 이 점인데, 그는 다음과 같이 쓰고 있다. "인간은 신으로부터 위임을 받았으며, 그가 부여받은 제왕적인 역할에 의해서 신의 **대표자**이다. 인간의 드높은 존엄성이란 바로 이것이다."[12] 그러나 이 부분에서 이미 인간에게 차후 내려질 저주의 의미에 관해 생각할 여지를 남긴다. 그러나 독단

---

9) 〈창세기〉 제1장 26절.〔역주〕
10) *Ibid.*, p.37.〔〈창세기〉 제2장 28절: 역주〕
11) 〈창세기〉 제1장 26절.〔역주〕
12) *Ibid.*, p.37, note 26.

적이라는 비난을 받을 것임에 분명한 해석을 전개하기보다는, 논쟁을 불러일으킬 위험이 적은 다음과 같은 생각에 만족하는 게 좋을 것이다. 신의 모습이란 인간이 모범으로 삼고 따르는 절대적이고 지극히 숭고한 규범을 이루며 인류가 보다 나아지고, 존재하고, 성장하는 데 있어 튼튼한 울타리를——불확실하고 그저 일시적인 자유만이 그 안에 있을 뿐이나——형성한다는 생각이 바로 그것이다. 그렇지만 여기에서 인간을——그가 아무리 제왕적인 권한을 갖는다고 할지라도——창조주 하나님의 절대적이고 무한한 힘에 순종하는 피조물의 위치에 고정시키고 가둬두는 존재론적 폭력과도 같은 어떤 것을 포착할 수 있지는 않을까? 절대전능의 신이 있으라 한 장소에서 살아가기 위해——이것이 인간의 최초 임무라고 한다면——인류가 얼마나 끔찍하고, 얼마나 엄청난 노력을 기울여야 하는지 짐작할 수 있지 않은가?

사실, 세상의 개벽——우리는 지금 '태초' 바로 그 순간에 있다——일에 열중한 헌신적인 신의 손에서 태어나는 하늘·땅·빛·영장류 등 모든 것이 환희에 가득 차 있다. 이 놀라운 '일'이 "하나님이 보시기에 좋았더라"[13]는 구절에 맞춰 착착 진행된다.

물론, **빛이 있으라**(fiat lux)가——"하나님이 이르시되 **빛이 있으라** 하시니 빛이 있었다"[14]——신이 창조한 세계에 그 시작

---

13) *Ibid.*, pp.35, 36, 37.
14) *Ibid.*, p.35(I,3).

의 장엄함을 부여하듯이, 〈창세기〉에 등장하는 비극적 유전이 낳고 키운 인간의 상상계를 계속 비추며 밝히고 있다. 이렇게 펼쳐진 세상의 질서가 신의 명령임에는 변함이 없다. 따라서 이 질서 안에 머물러야——명령에 복종해야——할 것이다! 더욱이 어떤 표현들이나 장면들은 폭력을 공공연히 드러내지는 않으나 매우 위협적인 분위기에서 계속 이어진다. 사실, '혼돈' '어둠' '심연,' 즉 세상이 만들어지기 전의 이러한 형태, 아니 오히려 이러한 무형태, 혹은 히브리어에서 유래한 표현을 쓰자면 토후 보후(소란, 소동; Tohu-bohu)가 아직은 일종의 공허와도 같은 **무(無)**의 그 어느 곳으로 밀쳐져 있는 것은 사실이지만, 그래도 인간 조건이라는 현기증 일으키는 벼랑으로 몰려들어서 시시각각 인간 조건 보고 그 밑으로 굴러 떨어지라고 하고 있는 것이 아닌가? 그리고 창조 행위는 마치 '작업' 인 듯이 소개된다. 신은 명령하고 명명하고 구분하고 분리하고 분류하는데, 이 모든 행위가 질서를 확립하기 위한 폭력이 없이는 불가능한 것들이다. 이는 옛날 옛적 어떤 창조신이 영웅적이고 난폭한 이니셔티브를 취하여 이루어 낸 위력과 파괴의 대역사를 전하는 수많은 신화들이 암시하는 바이기도 하다. 폭력이 사라진 유일한 순간이 있기는 하다. "하나님이 그가 하시던 모든 일을 마치시니 일곱째 날에 안식"[15]하신 것이다. 그런데 제칠일의 장엄한 휴식, 유대교의 진정한 근간을 이루는 **샤바**(shabbat)라 불리는 이 거룩한 시간이 비폭력의 윤리로 가는 길을 엶에 따라

---

15) *Ibid.*, p.37. 〔〈창세기〉 제2장 2절: 역주〕

서 모든 활동을——신의 모습에 따라——중단하는 것, 즉 정지란 폭력을 실패로 간주할 수 있음을 의미한다는 것은 아닐까?

만일 우리가 카인의 살해에서부터 시작해 세상의 첫 순간까지 시간을 거슬러 올라가면서, 성서에 내재한 폭력성을 끄집어내고, 말 그대로 성서에 **폭력을 가한다**는 듯한 인상을 불러일으킨다면, 카인의 살해 이후에 벌어지는 장면들에서는, 그와는 반대로, 그저 사건들을 나열하는 것만으로도 충분한 폭력적 상황들이 분명하고도 힘차게 전개된다. 그러나 이에 앞서 한 가지 역설적 사실을 짚고 넘어가야 하는데, 그것은 바로 하나님이 카인에게 그를 보호할 것을 약속한다는 것이다. "여호와 하나님이 카인에게 표를 주사 그를 만나는 모든 사람에게서 죽임을 면하게 하시니라."[16] 이렇게 해서 카인은 유랑 끝에 도시를 세우고 여호와의 전통에 따라 문명의 창시자가 된다. 그의 후손들이 음악과 철기를 만들고…… 인류의 문명이 범죄자 카인의 마르지 않는 영향하에서 시작되었다니 이 얼마나 불가사의한 기원인가!

가장 인상적인 장면은 창조주가 모든 것을 파괴할 듯이 자신의 노여움을 마음껏 표출하는 부분이다. "땅이 폭력으로 가득 참"에 따라 하나님은 노아와 그의 가족, 그리고 노아의 방주로 피신한 한 쌍의 동물들을 제외한 살아 있는 모든 것들을 몰살시킬 홍수를 일으키기로 결정한다. 경이적이고, 그 어떤 것과도 비교할 수 없는, 가장 절정에 이른 폭력이 성서에 다음과 같이

---

16) *Ibid.*, pp.43-44. 〔〈창세기〉 제4장 15절: 역주〕

기록되어 있다. "사십 주야를 비가 땅에 쏟아졌더라. (…) 땅 위에 움직이는 생물이 다 죽었으니 곧 새와 가축과 들짐승과 땅에 기는 모든 것과 모든 사람이라. 육지에 있어 코에 생명의 기운이 있는 것은 다 죽었더라. 지면의 모든 생물을 쓸어 버리시니 곧 사람과 가축과 기는 것과 공중의 새까지라. 이들은 땅에서 쓸어 버림을 당하였으니(…)."[17)]

대홍수로 인해 땅 위에서 사는 모든 것이 완전히 사라지고, 완벽하다 할 수 있을 말살, 즉 말 그대로 박멸이 완수되어 신의 폭력이 인간들의 폭력을 멸한다. 바벨탑의 이야기도 이와 유사하다. "꼭대기가 하늘에 닿는 탑"[18)]을 세우려는 인간들의 편집광적 폭력에 신의 단죄가 내려진다. 신은 인간들의 언어를 무용한 것으로 만들어 그들을 사방으로 흩어지도록 한다. 인간들 사이에 오해가 쌓이고, 부족들은 증가한다. 폭력의 지배가 영구히 자리를 잡고 지속될 수밖에 없지 않은가.

2. 인종 말살

〈창세기〉가 펼쳐 보이는 폭력의 형상들은 우리의 상상계에 깊이 새겨져 있을 뿐 아니라, 여기에 계속해서 색을 입히고, 마르지 않는 샘처럼 우리의 상상계를 더욱 풍부히 만드는 듯 하다.

---

17) *Ibid.*, pp.49-50. 〔〈창세기〉 제7장: 역주〕
18) *Ibid.*, p.56.

아담과 하와·뱀·카인·대홍수·바벨탑 등 지금도 유효한 이 최초의 이미지들은 원형의 가치를 지니며 인간들이 스스로를 은밀히 견주어 보는 참고적 본보기로 작용한다. 우리는 유황과 불이 비처럼 내려 소돔과 고모라를 초토화한 이후부터 폭력의 가장 극한 지점, 즉 인간으로 태어난 신, 예수가 십자가형을 받을 때까지 성서에 나타난 폭력의 격렬한 흐름을 좀더 따라가 볼 수도 있었을 것이다.

그러나 역사가 더 이상 지체할 수 없다는 듯이 자신의 특권적 위치를 강력히 요구하고 나선다. 인간의 역사에는 구체적이고 생생하며 대대적인 폭력의 묘사가 현기증을 일으킬 정도로 흘러넘치고 있을 뿐 아니라, 우리를 '수량의 영역'으로 이끌어 조금의 동요도 없이 엄청난 수치와 통계를 제공한다. 역사는 폭력을 **숫자화**하는데, 이는 **폭력적 인간**의 확고한 영향력과 무자비한 편재성(偏在性)을 증명하는 것이다. 인종 말살이라 불리는 범주에 해당하는 온갖 종류의 폭력들 각각의 미묘한 차이점들을 언급하고, 나아가 전쟁, 대학살, 민족 말살과 같은 만행들 하나하나를 명확히 구별할 필요가 있을까?[19] **전쟁**이란 의식화(儀式化)되고 제도화된 폭력에 속한다. 전쟁이 아무리 잔인하다고 해도, 거기에는 법과 규율이 있어서 교전 상태를 명시하거나 때로 '민간인의 평화'라 불리는 평화 추구를 전제로 하기도 한다. 뿐만 아니라 전쟁에서는 적을 한 사람의 독립된 인격체

---

19) Cf. Guy Richard et coll., 《인간의 역사, 기원에서 현대까지의 학살과 인종 말살 *L'Histoire inhumaine, massacres et génocides des origins à nos jours*》, A. Colin, 1992. 이 책이 본장의 주요 참고 자료이다.

로 여기며 부상자와 포로를 존중하고 무고한 시민을 보호한다. 그러나 이와 같이 이상적인 전쟁화(戰爭畵)는 증오·경멸·폭력적 충동의 야만적 범람으로 분출되는 **대학살**이 자행되자 순식간에 엉망이 되고 만다. 부상자들의 목숨을 끊고, 포로들을 모두 사살하고, 강간하고, 고문하고, 신체의 일부를 절단하거나, 불로 태우고, 연기로 질식시키며, 심지어 여자들과 아이들과 노인들마저 처형하는 것이다. 온갖 수단을 총동원해서 하나의 공동체 전체를 고의적·계획적·체계적으로 파괴하는 **민족말살**로 인해 공포는 그 절정에 이른다. 공동체의 구성원들은 '열등인' '인간 이하'로 낙인찍히고 취급받으며 이들 모두를 제거함으로써 '문제'의 '최종적 해결'을 실현한다는 것이 알려진 최종 목표이다.

희생자들의 수, 가히 '기업적'이라 할 수 있는 실행 방식, 동원된 장비들 그리고 관련된 여러 기관들, 필수적이라 할 수 있는 동조 세력의 소극적 또는 적극적 가담, 초래한 결과, 파급 영향, 심각한 여파 등으로 볼 때, 제2차 세계대전 동안 나치가 자행한 유대인 민족 말살은 인종 말살의 가장 극단적인 형태이다. 미국의 역사학자 라울 힐버그는 자신의 한 연구에서 상세한 자료를 첨부하며,[20] 당시 희생된 유대인 수를 5백만에서 6백만으로 추산하는데, 이는 유대인 말살의 주범들 중 하나인 아돌프 에히만도 주장했을 수치이다. 나치는 1942년 1월 20일, 베를

---

20) Cf., Raul Hilberg, 《유럽 거주 유대 민족의 말살 *La Destruction des Juifs d'Europe*》(1985), coll. 〈Folio histoire〉, 2 vol., Gallimard, 1991.

린 근교의 반제에서 거행된 이른바 반제회의에서 "유대인 문제의 최종 해결책"이라는 제목 아래 유럽에 거주하는 유대인 전체, 즉 약 1천백만 유대인의 완전 소탕을 결의한다. 수천의 유대인들이 밀집되어 있던 게토를 시작으로 수용소로의 강제 이동이 급속히 진행되었는데, 그곳에서는 가스실과 소각 시설이 최대의 출력을 기록하며 작동하고 있었다. 독일 군대가 동부로 진격함에 따라 "대량 학살 기동 작전"이 이어졌으며, 이를 위해 정신병자들을 몰살하는 데 쓰였던 가스차가 동원된다. 일산화탄소가 가스차 내부에 분사되어 50-70명씩 그 안에 떼지어 몰아넣어졌던 사람들을 질식사시켰다.

흔히 말하듯이 희생자들의 수가 아무리 '엄청나다'고 할지라도, 숫자가 유대인 대학살이라는 인류학적 재난을 제대로 납득시키는 것은 아니다. 수치가 학살의 가공할 공포에 몰두하게 되면, 주검을 세고 기록하는 데 지나치게 중요성을 두는 경향이 있다. 이렇게 해서 희생자들의 '정확한' 수, 학살 방식에 대한 '명확한' 설명, 책임에 따른 희생자들의 '분류' 등을 둘러싼 확인·논의·협상이 전개된다. 따라서 논의가 역사적 사실에 보다 가까이 접근하는 것을 목표로 하기보다는 오히려 증오를 완화시키고, 책임을 희석하며, 극악한 잔학 행위에 학자연하는 역사적 전거(典據)의 베일을 덮어씌워 버리고 만다는 것이 결국에는 밝혀진다. 숫자가 가하는 폭력은——수백만의 희생자!——역사적 폭력으로 간주되는데, 역설적으로는 폭력과 거리를 두도록 하거나 또는 망각과 동조적 지식을 조장하는 경향이 있다. 따라서 유대인들을 '선별'——나치의 표현을 빌려 말한다면

──하여 인간 구조를 손상·훼손·분해·해체한 그들의 시도를 생생하고 조직적이며, 구체적이고 섬세한 필체로 상세히 ──중요한 것은 오로지 세부사항일 뿐!──기록하고, 일상의 무시무시함을 하나하나 낱낱이 구술한 증언·보고서·문헌들을 계속해서 살펴봐야 하는 것이다. 민족 말살이라는 무한대의 폭력이 극도로 고조된 상태에서 포착되고, 생생히 보존되기 위해서는 무엇보다도 **폭력적 기억**, 다시 말해 끔찍한 폭력의 축, 무시무시하고 말 그대로 **혐오감을 불러일으키는** 폭력의 중심에서 벗어나지 않고 끊임없이 그 중심으로 되돌아가기 위해 스스로에게 폭력을 가하는 기억이 요구된다.

극단적이고도 완벽한 폭력의 상징이자 역사상 유일무이한 사건이라 할 수 있는 유대인 대학살은, 사실 유대인 역사 전체와 깊은 연관을 맺고 있어, 마치 재앙의 최종 결산과도 같은 양상을 띤다. 약 1세기경 로마인들이 예루살렘 성전을 파괴한──유대교를 다시 세운 기념비적──사건, 1492년 스페인에서 종교재판으로 화형당한 개종한 용의자 '가족들 전체'와 유대인들의 축출, 십자군 원정으로부터 시작된 이래 계속 이어진 학살, "8백87건의 '극심한' 포그롬과 3백49건의 '경미한' 포그롬[21] 사이에 약 6만 명의 사상자"를 낸 제정 러시아에서의 유대인 박해[22] 등등 끊임없이 이어진 살육의 역사를 낱낱이 상기할 필요가 있을까? 유대인 대학살은, 흔히들 주장했듯이 역사상의 다

---

21) pogrom: 유대인 등에 대한 조직적 약탈과 학살을 의미하는 러시아어. 〔역주〕
22) Guy Richard, *op. cit.*, p.93.

른 집단학살을 뒷전으로 밀어 넣기는커녕, '민족 말살'이라는 호칭이 적용되는 인종 말살의 자행에 주의를 환기시켜 중요한 문제로 부각시키는 데 공헌한다. 나치가 '인간 이하'로 취급한 치가니[23] 대학살이 분명 그 한 예이다. 기 리차드가 명시한 바에 따르면, 치가니 확산 방지 법령은 1939년 12월에 독일에서 공포되었으며 유대인 학살과 같은 조직적인 인종 말살을 꾀한 나치에게 진정한 성서로 알려졌었다. 물론 그 규모가 **쇼아**에 이르지는 않았으나, 23만 명 이상의 치가니들이 화장터의 연기로 사라졌다는 사실은 그들에 대한 단호하고도 완벽한 파괴의 의지가 명백한 것임을 보여준다."[24]

치가니들의 경우가 '잊혀진 말살'이라면 사실로써 인정조차 받지 못한 말살도 존재한다. 터키인들이 아르메니아인들에게 오랜 세월 동안 자행한 대규모 학살이 바로 그것이다. 1874년의 아르메니아 폭동은 수천의 희생자를 내는 것으로 끝난다. 1895년 9월의 시위 후에는 지방 각지에서 탄압이 진행되었고, 이로 인해 수백만의 사상자가 발생한다. "1909년부터 칠리치아는 초토화되었으며 2만 명 이상이 살해되었다. 수도 아다나의 탈환은 산채로 창에 찔리고, 총에 맞고, 배가 갈리고, 십자가에 못 박히고, 사지가 절단당하는 등 말로 형언할 수 없는 공포 속에서 진행되었다." 1915년은 대대적인 학살의 해로 기록되는데, 그 결산은 다음과 같다. "1백80만 명에서 2백10만 명

---

23) 코카서스인종에 속하는 보헤미아 지역의 소수 유랑 민족으로 흔히 집시라고도 불린다. [역주]
24) *Ibid.*, pp.148-149.

에 이르는 전체 인구 가운데, 민족 말살의 희생자는 총 1백20만 명에서 1백50만 명이었다. 30만 명은 코카서스로 피신할 수 있었고, 4만 명은 이집트를 선택했다. 단지 15만 명 정도만이 강제 이주를 피할 수 있었는데, 이들은 콘스탄티노플과 스미르나[25]에 거주하는 아르메니아인들이었다."

그후 얼마 지나지 않아 터키인들에 의해 저질러진 아르메니아 사태의 '최종 해결'이 이루어진다. "1917년 1월 1일, 오토만 정부는 베를린 협정과 제61조를 공포하면서 아르메니아 문제를 일단락 내리는데, 그 이유는 다름 아니라 아르메니아 민족이 전멸했기 때문이었다."[26]

터키는 이미 명백히 입증된 바 있는 아르메니아인들의 학살에 대한 책임을 회피함으로써, 이른바 "민족 말살에 대한 민족 말살"을 자행한다. 어떤 사건이 일어났다는 사실 자체만으로는 충분치 않기 때문이다. 완전하며 전적인 시인이 뒤따라야 한다. 반박의 여지없이 어떤 사건이 실제로 존재했다는 명백한 사실을 지켜내려는 **기억의 폭력**과 망각과 익명의 덫으로 추악한 현실을 덮어씌우려는 **부정의 폭력**이 맞서고 있음을 알 수 있다.

마치 타령처럼 반복되어 온 학살을 계속 추적해서 또 다른 민족 말살을 드러낼 수 있을 것이다. 1877년 영국인들은 최후의 타스마니아인[27]을 처치했고, 크롬웰은 1649년에 '아일랜드인 말살 정책'을 단행, 아일랜드 총 인구 1백46만 6천 명 가운데

---

25) 에게 해 연안에 위치한 터키의 항구 도시. 오늘날에는 이즈미르(izmir)로 불린다. (역주)
26) *Ibid.*, pp.105-109.

61만 6천 명이 목숨을 잃었다. 조르주 카트린은 북아메리카 인디언들이 사라진 원인을 다음과 같이 열거하고 있다. "백인-위스키-북아메리카 인디언의 전투용 큰 도끼-머리 가죽을 벗기는 데 쓰이는 칼-장총, 탄약, 탄알-천연두-방탕한 생활-말살."[28] 유사한 운명을 오스트레일리아의 아보리아족에게서도 찾을 수 있다. 영국의 식민지배 초기에 약 30만 명이던 인구는 1980년 1만 3천 명으로 줄었다. 스페인의 대대적인 침략을 받은 남아메리카의 수많은 원주민들의 운명도 이와 유사하며 그 중 살아남은 원주민들이 오늘날에도 여전히 희생자들의 '저장소'를 이루고 있다. 그리고 목격자도 없이 흔적도 남기지 않은 채 사라져 버린 수많은 민족들⋯⋯. 그러나 이제는 온갖 공포로 점철된 길 위에 그들을 그만 남겨두어야 할 듯한데, 거대한 폭력의 대륙, 구(舊)소련의 집단수용소, **굴락**[29]을 간략하게나마 살펴봐야 하기 때문이다.

알렉산드르 솔제니친의 기념비적 저서인 《수용소 군도》가 우리에게 안내서 역할을 할 것이다. 세 권으로 이루어진 이 작품의 마지막 권에서 저자는 대문자로 다음과 같이 쓰고 있다. "우리에게 법은 없다." 그는 책의 마지막 줄에서 다시 한번 다음과 같은 결론으로 자신의 심정을 토로한다. "철의 장막에 둘

---

27) 호주 본토 남쪽에 위치한 타스마니아 섬의 원주민. 〔역주〕
28) Georges Catlin, 《북미대륙의 인디언들 Les Indiens d'Amérique du Nord》(1844), Albin Michel, 1992. 여러 사례들 가운데 저자는 특히 만단족〔Madan; 미주리 강 유역에서 살아가던 아메리카 인디언 부족〕의 '몰살'에 관해 언급한다.(p.529)
29) goulag: 집단 수용소. 〔역주〕

러싸여 유지된 이 거대한 국가가 세워진 지 벌써 반세기가 넘었다. 장막은 여전히 있으나, 법이란 존재하지 않는다."[30] 솔제니친이 희망한 바대로 고상한 의미에서 '법,' 다시 말해 감옥과 수용소를 마르고 닳도록 보급한 파괴적인 제58조——"위대하고 강력하며, 풍부하고 자세하며, 다양하고 철저한, 세계 전체를 아우르는 제58조"[31]——가 달린 소련의 형법 그리고 헌법이 내거는 평등과 정의의 서투른 흉내와는 본질적으로 무관한 '법'이 존재하지 않는다면, 또한 개인과 집단의 행동과 의지를 조정·조절·조직하는 하나의 원칙이 없다면, 믿음도 규율도 없는 폭력 그 자체 말고 과연 무엇이 남겠는가? 솔제니친이 자신의 작품을 통해서 우리에게 보여주고자 하는 것도 바로 폭력 그 자체인 '철의 장막'——'스탈린'은 러시아어로 '철인(鐵人)'을 의미한다!——이다.

"러시아 땅에서 해로운 벌레들을 모두 쓸어내자." 1918년 1월, 레닌의 구호를 시작으로 제명, 추방, '숙청' '사회 예방' '세뇌' 제거 등을 실행하기 위해 흠잡을 데 없이 완벽한 프로그램이 세워진다. 공화제는 물론이고 그 어떤 체제라도 실행할 수 없었을 계획을 전체주의 체제는 가장 극악하게 추진한 것이다. 오늘날에도 여전히 구(舊)유고슬라비아에서는 '소탕' 또는 '소

---

30) Alexandre Soljénitsyne, 《수용소 군도 *L'Archipel du Goulag*》, 3 vol., Seuil, 1974; t. 3, p.451.
31) *Ibid.*, p.51. 〈제58조 Article Cinquante-Huit〉, 파이야르 출판사에서 간행한 솔제니친의 작품집(*Œuvres complètes*, 1991, t. 4, p.62)에는 전 조항이 생략 없이 수록되어 있다.

I. 폭력의 형상 33

수 민족 박해' 등의 방식으로 인종 말살이 자행되고 있다. '**벌레**라는 포괄적 명칭'은 가능한 여러 유형의 직업과 다양한 국적의 사람들, 경제적 또는 사회적 계층들·지식인·예술가·종교인 등 개인들을 두루 포함하고 있었으며, 솔제니친의 조사에 따르면 최종 단계가 강제수용, 총살 또는 공동 무덤이었던 이 '완전 소탕 작전'으로 '게으름 피우는' 노동자들, 수녀들, 협동조합원들, 제정 러시아의 지방자치회의원들, 성직자들, 톨스토이주의자들, 전보 배달부들, 철도 종사원들, 대학생들 등이 그 어떤 선별 기준도 없이 마치 운명의 장난처럼 마구잡이로 잡혀 희생된다.

레닌의 은유를 인용한다면, 개미떼처럼 모여든 '벌레'들을 강력한 살충제를 동원해서 '소탕'하는 장면을 상상해 본다 하더라도 소련의 집단수용소 체제가 수십 년간 광활한 공간에서 실시한 말살의 정도를 짐작하기란 쉽지 않다. 따라서 우리에게는 머리에서 떠나지 않을 좀더 확실한 이미지들이 필요하다. 이를테면 솔제니친이 '형무소 기업'이라고 묘사한 바와 같이, **굴락**에서 멀리 떨어진 음침한 곳으로 흘러가는 끝없이 길고 두꺼운 '수송관'과 그 속에 삼켜진 희생자들의 '배출'이 그것이다. 계속 이어지고 서로 뒤엉키고 점차 가속화되는 배출. 제정 러시아의 구(舊)교도원들, 거의 모든 무정부주의자들과 사회주의 혁명가들이 숙청당했고, 성직자들과 종교인들, 신흥이단종파 회원들, 접신론자들과 신비주의자들, '동방정교'와 베르디에프 학파의 철학자들, 강신술사들, 종교인들, 그리스정교나 또는 다른 종파의 신앙인들이 체포되었으며, 돈 강의 코사크족들은 학살당했는데, 그들 전체 인구의 1백만 명 가량이 희생되었으며 이는 이 지역 인구의 약 30퍼센트에 해당한다. 한편, "아제르바이잔의 무사바티스트, 아르메니아의 다츄넥파, 조르지아의 멘셰비키(소수파), 투르크메니스탄의 '바스마츄' (…) 유대민족주의자 단체 '헤칼루트' 32) 등 다양한 '국적의' 배출이 이어진다.

"러시아 농촌의 자본가 계층인 **쿨라크**(koulaks)의 완벽한 제거"를 목적으로 단행된 '쿨라크 해체화'는 숙청의 연속으로 점철되었다. 자영농 전체가 타격을 받아 끔찍한 기근의 원인이 된다. 우크라이나의 소설가 바실리 바르카는 1932-1933년에 이르는 우크라이나의 겨울을 배경으로 한 자신의 소설, 《황색의 왕자》에서 당시 사회상을 전하고 있는데, 이 책의 서문에서 피에트로 라우츠는 다음과 같이 적고 있다. "우크라이나 전체 인구의 15퍼센트 내지 20퍼센트가 기아와 폭정에 희생되었다. 그 수는 약 5백만에서 6백만 아니 7백만에 이른다."33) 스탈린이 그의 동지 키로프를 암살했을 때, 그는 이 기회를 이용해 대대적인 숙청을 단행한다. "1934-1935년에 레닌그라드(현 페테르부르크) 주민의 4분의 1이 **제거**되었다."34) 1936년, 모스크바에서 열린 재판은 '노쇠한 혁명전위대'를 숙청하고 그 주변을 말끔히 '청소'할 수 있도록 한다. 1937년, 스탈린은 적위대의 수뇌부를 제거한다. 이로 인해 사령관과 장교를 잃은 군대는 독일군

---

32) A. Soljénitsyne, *op.cit.*, p.35.
33) Vassil Barka, 《황색의 왕자 *Le Prince jaune*》(1968), Gallimard, 1981. (Piotr Rawicz의 서문, p.xii)
34) A. Soljénitsyne, *op.cit.*, p.49.

의 침공을 받아 수백만 명의 사상자를 낸다. **굴락**의 끔찍한 사망률은 때로는 '약한 개울물 같이'──에스페란토어주의자, 슈츠분트의 오스트리아 사회주의자, 독일 공산주의자, 스페인의 반파시스트, 소련의 전쟁 포로 등등──흘러나왔지만, '전국' 각지에서──"볼가 지역의 독일인 · 체첸족 · 잉구슈족 · 발카르족, 코카서스 산맥의 카라차이족, 크리미아와 볼가 지역의 타타르족 · 칼믹종족뿐 아니라 그리스인 · 불가리아인 그리고 터키인"[35] 등등──쏟아지는 '배출'의 증가로 인해 만회될 수 있었다.

회의주의의 한 단면을 보여준다고 할 수 있을 스탈린과 히틀러 사이에 체결된 조약도, 독일 군대의 모스크바 점령을 막은 전쟁도, 심지어 모두에게 희망을 안겨 준 연합군의 승리와 경제적 원조를 동반한 평화로도 **굴락**의 '배출'을 멈출 수는 없었으며 결과는 오히려 그와 정반대였다. 생존자들의 증언이 계속 이어져, 보르쿠타 · 노릴스크 · 소로브키섬 · 카라간타 · 라콜리마 등으로 불리는 수많은 지옥의 장막에서 '**제크 부족**'[36]이 가한 일상의 박해가 알려졌다.[37] 1953년, 스탈린이 사망한 이후로도

---

35) G. Richard., *op. cit.*, p.116.
36) 《수용소 군도》의 서두(제1권의 5쪽)에서 솔제니친이 사용한 표현인 '제크(Zek)'란 '수감된 사람'을 뜻하는 러시아 단어의 약어이다. 한편 '굴락(Goulag)'이란 '수용소들의 중앙관리본부'를 칭한다. 솔제니친은 다소 꼬는 어투로 '종족으로서의 제크'에 관한 '풍속학적 연구'를 제안하면서 넌지시 다음과 같이 적고 있다. "인간성이 상실된 피조물들은(과거에는 인간들이었음에 분명한) **호모 사피엔스**와 비교했을 때 완전히 구별되는 또 다른 생물학적 유형을 대표한다."(*Ibid.*, t. 2, p.376) **희생물, 폭력적 인간의 감추어진 면모인가?**

계속 유지되던 '배출'은 인간 분쇄기가 소련 체제의 붕괴로 인해 마침내 그 작동을 멈추게 되자 감소 추세를 보인다.[38] 소련 체제의 붕괴는 스스로의 폭력에 의해 속에서부터 완전히 썩어버려, 뼛속까지 철저히 부패한 체제의 유일무이한 사례를 보여주는 것이다.

3. 테러리즘

인종 말살이 수량에 집착한 나머지 광적인 살육을 서슴지 않는다면, 테러리즘은 경제적이고 거의 '외과 수술' 방법을 동원하여 질적인 폭력을 행사한다고 주장한다. 나치와 스탈린의 파괴적 체제가 인류에게 얼마나 엄청난 피해를 입히고, 얼마나 막대한 손해를 가하는 데 광분했는지 살펴보았다. 스탈린 방식은 **조방적(租放的)**이다. 단 한 사람의 예외도 없이 모두가 평등하게 **굴락**의 대상이 되며, 광활한 국토의 여기저기로 옮겨진 수백만

---

37) [참고] 끔찍한 수많은 증언들 가운데 출판된 서적들을 몇 개 소개하고자 한다. 바르함 샬라모프(Varlam Chalamov)의 《콜리마 이야기 *Récits de Kolyma*》, Maspero, 1980-1982, La Découverte-Fayard, 1986; 아나톨리 마르첸코(Anatoli Martchenko)의 《나의 증언 *Mon témoignage*》, Seuil, 1986; 마르그리트 부버-뉴만(Margarete Buber-Neumann)의 《시베리아의 수용수 *Déportée en Sibérie*》(1949), Seuil, 1986; 스탈린이 히틀러에게 넘긴 부버-뉴만 여사는 라벤스부르크(Ravensbrück)에 수용되었는데, 《밀레나 *Milena*》, Seuil, 1986는 당시의 경험을 이야기한다.
38) 소련 공산 체제로 인한 인명 피해는 1천만 명으로 산출되나, 3천만에서 6천만 혹은 그 이상으로 추정되기도 한다.

의 희생자들을 소화하느라 학살은 오랜 시간이 걸려서야 완결된다. 나치는 좀더 **집약적(集約的)**인 방식을 택한다. 그들은 신속히 행동하며, 비교적 폐쇄적이고 좁은 지역에서 훨씬 더 선별적인 방식으로 분류된 인간들을 집단적으로 제거한다. 수용소의 감방·소각실·가스실·가스차·가축 운반차·게토에 사람들을 무더기로 집어넣고, 공동 묘혈을 파서 시체들을 가득 채우는 방식으로 일을 처리하는 것이다. 보다 **조직적(組織的)**으로 보이는 것은 테러리즘이다. 테러리즘의 특징을 잘 드러내는 폭력 행위인 **폭탄 테러**는 시간과 공간상 미리 선정한 정확한 지점을 집중적으로 공격하며, 그 대상이 지나가던 익명의 군중이라 할지라도 심사숙고해서 선정한 대상을 표적으로 삼는다.

정치적이며 이데올로기적인 측면에서 뿐만 아니라 역사상 실재한 수많은 변형들로 인해서, 테러리즘에 대해 엄정한 정의를 내린다는 것은 그리 간단한 문제가 아니다. 그럼에도 불구하고 테러리즘의 다양한 양상과 각기 다른 차원에는 언제나 폭력, 즉 그들의 행동 방식에 따라 극단적 양상을 띠는 폭력이 관통하고 있음은 이론의 여지가 없다. 이중의 폭력적 추진력이 테러리즘을 특징짓는다. 그 하나는, 우리의 연구 대상인 테러리스트 단체 **내부**로 향하는데, 이는 조직을 구성하고 조직원들을 결합시키는 내부의 폭력, 다시 말해서 폭탄이 터지고 강렬한 폭발음이 천지를 뒤흔드는 속에서야 자신들의 존재 이유·정당성·목적성을 발견하여 단결력과 구심점을 형성하는──**융합력**이라 할 수 있는──폭력을 의미한다. 다른 하나는 외부로 향하는데, 완수된 임무로부터 출발해서, 모호하고 은밀하며 동시에

확산력이 강한 폭력이 '주민들'에게, '대중'에게 퍼져나가도록 함으로써 그 파장을 사회 전체로 **퍼뜨리는** 것이다.

테러리즘은 폭력의 원인, 동인 그리고 상징이기에 앞서, 과거에 있었던 폭력, 예를 들어 정치적 또는 식민지 압제, 경제적 착취, 사회적 억압 등이 야기한 결과로 이해되고 알려진다. 언제나 선행한 폭력이 다음에 오는 폭력을 초래한 것이고, 따라서 후자는 전자에 의해서 정당화되는 듯하다. 조직의 융합을 보장하는 것은 보다 더 전문적인 다른 양상의 폭력이다. 예를 들어 어떤 단체의 완전한 일원이 되기 위해서 회원은 시험, 통과의례 또는 입회 절차와 같은 역할을 하는 범죄나 또는 그에 상응하는 행위를 해야 한다는 것은 이미 잘 알려진 사실이다. '피의 협정'이 이렇게 해서 '입문자'들이 된 한 그룹의 구성원들을 결속시키며, 여기에서는 언어가 전파하는 종교적·주술적·광신적인 온갖 종류의 암시적 의미들이 한몫을 한다. 한편, 또 다른 유형의 폭력이 조직의 내부 구조를 규제하고 지속시킨다. 힘과 지배의 관계, 엄격히 요구된 충성과 이의를 제기할 수 없는 결속 체제가 조직 내부를 항상 가로지르며 조직을 재정비한다. 이와 같은 긴장과 대립 관계는 사실 전략적이고 이데올로기적인 명분 속에 억압된 채 감춰져 있거나, 가혹하게 각인된 것임에 분명하다. 이것이 바로 공들여 만들어진 융합 단위 한가운데 존재하는 폭력, 폭력 조직 내부에 존재하는 폭력인 것이다. 이러한 폭력은 연속적으로 벌어지는 소요 사태를 배양하는데, 테러 활동은 이에 익숙하며 권력 찬탈, 복수, 배반과 음모, 절차를 무시한 처형, 반대파, 자살, 폭파 등을 그 내용으로 한다.

테러단체는 신경증과 정신병적 증상이 드러나고 악화되도록 조성된 문화적 환경을 조성한다. 예를 들어 강박적 예식, 신경질적 행위, 가학적 사고, 선전용 헛소리, 세기말과 전란의 환영, 온갖 종류의 신비적 경향 등이 그것이다.

그렇지만 이렇듯 분쟁을 야기하는 힘이 분열과 파괴의 요인으로 작용함에도 불구하고 테러집단을 공고히 하는 계기를 마련하여 그룹 내부에 동질성과 단결성을 보장한다. 이뿐 아니라 테러집단이 애용하는 이름, 예를 들어 민중의 자립을 위한 정예부대, 전투적 공산주의자 조직, 적위대 분파 등을 통해서도 짐작할 수 있듯이, 자신들의 단체를 강경한 '핵심부,' 독자적인 '세포,' 침투할 수 없는 '분파' '저항'의 고리로 만드는 집중화를 촉진시킨다. '독립적' 융합 단위인 테러집단은 정처없이 떠도는 조직이 모두 그렇듯이 사회와 이중적 거리를 유지한 채 그 주변을 배회한다. 사회 전체는 테러단체가 스스로를 '대중적'이라 주장한다는 점에서 가깝지만, 단체가 '핵심부' '조직' '저항의 거점'으로서 폐쇄성을 유지한다는 점에서는 먼 존재인 것이다. 사회적 현실의 또 다른 이중성은 한편으로는 너무나 안일하고, 혼잡하고, 순종적이고, 무분별하기에 무시되고, 규탄받고 심지어는 저주받는다는 것이며, 또 다른 한편으로는 사회적 현실이 높이 추앙받고 더 높은 가치를 부여받는다는 것인데, 이는 사회적 현실이 '혁명적' 계획의 최종적 의미를 담고 있으며, 테러 행위가 대중과 중재자, 심지어는 테러 행위 한가운데에서 희망을 찾는 집단들에게 그 의미를 심어 주기 때문이다.

테러리즘의 삼각형을 구성하기 위한 세 가지 요소로 단체·

체제·대중을 설정한다면, 비극은 바로 이 삼자 사이에서 벌어진다. 세 변이 서로 만나고 교차함으로써 야기되는 불가사의하고 미심쩍은 면들은 정신 구조와의 유사성을 찾음으로써 명확히 밝혀질 수 있을 것이다. 자신에게 집중, 집약되어 있으며, 자기 중심적이고 자아도취적이며, 독자성과 동질감을 주장한다는 점에서 테러단체는 자아(Moi), 즉 의식·주도·통제·언어 수행을 담당하는——역동적이며 동시에 일관된 미래지향적 가치를 지닌——심급(審級)에 해당한다. 테러단체는 초자아(Surmoi)를 대표할 수 있을 체제에 저항하는데, 왜냐하면 체제는 법과 규범이라 불리는 금지를 제정하며 강제력을 쥐고 압력을 행사하기 때문이다. 서로 적대적이며 투쟁적 관계에 있는 단체와 체제는 세번째 요소를 동시에 겨냥하고 있다. 그것이 바로 '민중' 또는 '노동자' '민족' '공동체' 등으로 불리는 대중, 즉 다듬어지지 않은 무의식적 동력이자, 에너지의 저장소이다. 따라서 우리는 이를 이드(그거; Ça)와 연관지을 수 있을 것이다. 자아·의식·의지·이성을 상징하는 테러단체는 대중과 무의식에 해당하는 사회 구성원 전체를 위해 일한다고 주장한다. 왜냐하면 흔히 말하듯이 '대중'은 체제, 즉 자본·정권·왕권 또는 다른 어떤 지배적 권력이 그들을 얼마나 기만하고, 착취하며 억압하는지 알지 못하기 때문이다. 마치 지진이 일어나듯이, 테러 행위는 대중을 잠에서 깨우고 그들에게 내재한 '혁명적' 에너지를 본 궤도에 올리는 것을 목적으로 한다. 그러나 초자아가 이드의 역동적 에너지를 자신에게 유용하게 변경시키는 데 매우 능숙하듯이, 체제는 그룹의 테러 계획으로 인해 확산된 공포와 두려움을 그들의 지배를 위해 전환시킴으로써 대중을 자신의 권한 아래 붙잡아 두는 기술을 가지고 있다.

테러집단이 행하는 폭력은 체제를 대표하는 인사들이건 대중에 속하는 익명의 구성원들이건 가리지 않고 무차별적으로 공격한다. 그러나 공격 방법을 무엇으로 선택하는가는 테러 행위의 정치적 성향을 드러낸다. 예를 들어 '좌익' 테러리즘은 주로 권력을——그 권력이 어떤 것이든지간에——소유한 개인들을 공격 대상으로 삼는다. 반면, 민족주의자, 종교인 또는 전체주의자가 중심을 이루는 '우익' 테러리즘은 '유혈 참극'을 선호한다. 마피아의 테러 행위로 피폐해진 이탈리아에서 있었던 전형적인 두 사건이 그 분명한 예가 될 수 있을 것이다. 1978년 스스로를 공산주의자라고 밝힌 적위대가 당시 이탈리아 정치인들 가운데 가장 주목받고 있던 기독교 민주당의 대표, 알도 모로를 납치하고, 그를 인질로 삼아 협상을 진행하는 과정에서 결국 그를 살해하고 마는데, 이 사건의 정황은 여전히 밝혀지지 않고 있다.[39] 한편 1980년에 신(新)파시스트 집단이 볼로냐 역에 폭탄을 설치한다. 이 폭발로 79명이 사망했으며 부상자는 2백50명에 달했다.

마지막으로, '테러리스트의 인성'과도 같은 그들만의 고유한 특징이 있는 것은 아닌지 살펴보고자 한다. '성격'의 유형에 관심을 기울이는 연구는 흔히 막다른 골목에 이르게 마련이지만, 한 가지 매우 특이한 사항은 거론될 필요가 있을 것이다. 테러

---

39) Cf. Leonardo Sciascia, 《모로 사건 *L'Affaire Moro*》, Grasset, 1978.

단체와 자아를 연관지었다는 점에서, 단체에 속한 개개인의 '나'를 희생시키는 것이 바로 이 자아에 해당하는 단체라는 점은 분명히 언급될 필요가 있다. 다시 말해서 단체라는 자아가 보다 우선시되는 상급의 단위로 승격되고, 주체들을 선동하는 임무와 이상과 동일시됨에 따라 단체의 구성원들에게는 인성의 포기 또는 유기 상태가 일어나는 것이다. 테러 행위의 중요한 임무와 강력한 효과가, 단어가 정의하는 바 그대로 '**테러리제**(terroriser),' 즉 '공포에 떨게 만들고,' '공포'를 조장하고, 퍼뜨리는 데 있기 때문에 테러단체는 바로 이 공포의 원칙을 내부화한다. 그렇게 함으로써 자신의 자아와 테러단체를 동일시하게 된 주체는 스스로를 말 그대로 '**테러리스트**(terroriste),' 즉 '테러분자'로 인식하게 되고, 상실한 자기애의 보충으로 이렇게 선언한다. "내 이름은 공포다!"

두 명의 저자 중에서 무정부주의자 바쿠닌보다는 허무주의자 네차예프에게 그 공로를 돌리는 것이 마땅할 문서, **혁명가의 교리문답**은 제일 첫 '계율'에서 개성을 극도로 규제할 것을 명시하고 있다.

"1. 혁명가는 이미 선고를 받은 사람이다. 그에게는 개인적 관심사도, 경제 활동도, 감정도, 애착심도, 사유재산도, 심지어 이름조차도 없다. 그의 유일한 관심사, 단 하나의 생각, 유일무이한 열정인 혁명이 그를 온통 사로잡고 있는 것이다."[40] 조직

---

40) Jean Préposiet, 《아나키즘의 역사 *Histoire de l'anarchisme*》, Tallandier, 1993, p.378.

에 '전폭적'으로 헌신하는 '혁명가들'의 융합 단위는 '단체'라 의미심장하게 불리며, 이 '단체'는 **교리문답서**의 마지막 '계율'이 지적하듯이 전적으로 폭력적이다.

"26. 우리의 앞길을 막는 모든 것을 파괴하는 불굴의 힘으로 이 무리들과 하나가 되는 것. 이것이야말로 우리 조직과 우리 음모의 과업이자, 우리의 목표일 것이다."[41]

얽히고설킨 폭력이 테러리즘을 낳고, 여기에 서로 다른 여러 입장들이 개입함으로써 테러리즘의 이미지를 모호하게 만들며, 더 나아가 반감과 찬사로 뒤얽힌 모순된 견해들이 우리의 판단력을 흐려놓는다. 예를 들어 폭력의 이성화를 주장하는 이론적 연설로 표명되는 **이데올로기적 입장**, 흔히 기회주의적인 성향을 띠는 **정치적 입장**, 테러집단을 자신들의 목적 그 자체로 삼는 조직의 입장, 그리고 무엇보다도 오늘날 강력히 대두된 **대중매체의 입장**이 그것이다. 테러리즘은 언제나 '공명 상자'를 찾았으며, 이는 사회 전반에 걸쳐 거의 조직 배양이라 할 수 있는 폭력의 확산을 위해서이다. 테러리즘의 입장에서는 참으로 산소와 같은 존재인 **대중매체**, 그 중에서도 특히 텔레비전은 이와 같은 확산 효과에 있어 가히 독보적인 영향력을 행사하며, 이렇게 해서 테러 행위와 텔레비전 사이에 묘한 공모 관계가 체결되는 것이다. **텔레-테러리즘**의 공생 관계에서, 테러리즘은 무엇보다도 특히 텔레비전을 상대로 행동을 개시하고, 텔레비전은 때로는 일일 연속극을 내보내듯이 마치 구경거

---

41) *Ibid.*, p.383.

리인 양 테러 행위를 방영함으로써 이에 답한다. 테러단체는 대단한 수익을 올린다. 극히 하찮은 투자에 비해서 엄청난 돈을 순식간에 벌어들인 셈이 된다. 다시 말해서 '시민권'과도 같은 '화면권' 덕분으로 대대적인 광고 효과를 얻은 조직은 공식화되고, 졸지에 신출귀몰의 능력을 얻은 테러단체의 수뇌부는 방송을 통해 불안, 공포 그리고 협박을 대대적으로 내보내는 것이다.

심지어 테러리즘은 '눈속임'이나 '시늉'만으로도 효과를 얻을 수 있다. 모든 테러리스트들은 자신의 진가를 보여줘야 할 경우 위험 인물로 돌변하는, 어찌 보면 일종의 '자기 과시형 인물'과도 같다. 그런데 이 '과시'를 텔레비전이 맡아서 중계를 하고 해설을 달면, '방송 매체의 현실'로 둔갑을 하고, 이 현실은 그것이 설혹 지어낸 것이거나 장황한 객설로 가득 차 있다고 할지라도, 어쨌든 현실의 게임 안에 들어가 '폭력적 분위기'라고 부르는 것 안에서 자신의 역할을 완수한다. 폭력의 가장 극한 형태, 테러리즘은 지구의 이 끝에서 저 끝까지 폭력을 퍼뜨린다. 테러리즘은 한정적(限定的) 행동, 즉 살아 숨쉬는 인류의 육체에 박힌 작고 예리한 파편에서부터 출발해서, 음산한 개화의 시절이 도래하기 위해 극히 미세하지만 생명력이 강하고 셀 수도 없이 많은 폭력의 씨앗들이 전파를 타고, 사방으로, 지구상의 전역으로 퍼져 나가고 확산되도록 한다.

II
폭력의 여정

 피부를 살짝 스치고 영혼을 깊이 울리는 폭력. 존재의 모든 영역을 마치 수면 위를 흐르듯 재빠르게 움직이며 튀어 오르는 폭력. 일상의 폭력이란 바로 이런 것이다. 그래서 말 한마디, 동작 하나, 어떤 이미지, 고함 소리, 심지어 그림자까지도 폭력을 포착해서 다른 곳으로 옮기고 끝없이 재가동시킨다. 그러나 일상의 폭력은 바로 이 물거품과도 같은 나날들에서 불안과 현기증 나는 절망에 침잠한 채 영혼에 문을 열고, 우리에게 이렇게 자문하도록 한다. "정녕 내가 바로 이 폭력이란 말인가?"
 폭력이란 껍질(peau)의 문제이다. 이것이 바로 우리가 말하고자 하는 바이다. 불분명한 모습, 포착할 길 없는 기미, 취조하듯 은밀한 입가의 주름. 폭력이 활활 타오른다. 아니, 본 장을 시작하면서 우리에게 있어 폭력의 문제는 다름 아닌 껍질이다. 폭력의 문제들은 마치 예술 작품을 연상시키듯 누군가 피 묻은 정교한 서체로 벽에 적은 낙서로 표출되기도 하는데, 바로 우리들의 모습이기도 한 피지배자들과 죄인들로 가득 찬 사회, 어찌 보면 인간 사회 전체인 '수용소'의 흔적들이 여기에 각인되어 있는 것이다.[1] 이에 관해서는 다양한 언어 표현들이 존재하며, 더욱이 자신의 격한 심정에 대한 최소한의 현상학적 접근에 몰두할 수 있는 사람이라면 누구든지 피부를 살짝 스치는 짧은 세 가지 이야기——일상의 삼부작, '그 사람' '그 여자' 그리고 '나'——를 발견할 수 있을 것이다.

"그 녀석을 내가 죽여 버릴 거예요(Lui, Je lui ferai la peau). 총알 세 방을 쏠 겁니다. 어떻게 된 일인지 한번 들어보세요. 내가 앞으로 걸어나가자 그 녀석이 내 앞을 가로막고 섰어요. 내가 출구를 찾는데 그놈이 길을 막고 서는 겁니다. 녀석이 내가 원하는 것, 바로 그것을 가로챈 거죠. 내가 한마디 내뱉자 그놈이 떠들어대는 소리로 온 천지가 다 뒤흔들렸어요. 온몸에 소름이 돋더니, 마치 침입자를 향해 꼿꼿이 돋아난 뾰족한 것들이 수없이 많이 들러붙은 방패처럼 돼버렸어요. **그 녀석을 내가 죽여 버릴 거예요(Lui, je lui ferai la peau).**"

"**그녀에게 난 푹 빠졌어요(Elle, je l'ai dans la peau).** 그녀가 나타나자마자 그녀는 나를 사로잡고, 나를 차지하고, 나를 그녀로 가득 채워요. 그녀만으로 가득 채워진 나는 더 이상 내가 아니에요. 나는 더 이상 존재하지 않아요. 그런데 그녀가 사라지자, 나는 텅 비어 버리고, 이제 난 더 이상 나도 아니고, 더 이상 존재하지도 않아요. 그녀를 잃은 나는 그저 헌 옷쪼가리, 껍데기와도 같아요. **그녀에게 난 푹 빠졌어요(Elle, je l'ai dans la peau).**"

---

1) Cf., Franz Kafka, 《감화원 그리고 다른 이야기들 *La Colonie pénitentiaire et autres récits*》(1919), coll. 〈Folio〉, Gallimard, 1988. 불에 달군 기계, 쇠고랑 등이 수형자의 살갗에 사회의 형벌을 자국으로 남긴다. "사람들은 상처를 바라보면서 형벌이 무엇인지 알아차린다."

"저는 몸과 마음이 모두 편치 못합니다(Moi, mal dans ma peau, je suis). 소리 없는 폭력이 내 안에서 요동치고 내 안의 시커먼 북을 사정없이 때립니다. 이렇게 가시로 뒤덮인 누에고치를 깨고 **불만으로 가득한**(mal dans ma peau) 제가 언제쯤에야 **완전히 딴 사람이**(faire peau neuve) 될 수 있을까요?"

빅토르 위고가 말했듯이 "껍질을 바꾸는 것이 때론 본질을 변하게 한다." 전문가들이 주장하듯이 피부가 인체의 가장 심오한 기관이라면, 피부를 살짝 스치고 가는 일상의 폭력은 사실 인간의 영혼에 깊이 꽂히는 일격이 되는 셈이다. 우리가 앞에서 인용한 일상의 물거품들, 다시 말해서 인간 조건의 구성 요소인 세 개의 동사, '**상태**(être)' '**소유**(avoir)' '**행동**(faire)'과 각각 연관된 심신이 **편하지 못하다**(être mal dans sa peau)는 불안의 물거품, 그녀에게 **푹 빠졌다**(l'avoir dans la peau)는 사랑의 물거품, 그놈을 **죽여 버리겠다**(lui faire la peau)는 증오의 물거품은 흩어져 버리고 마는 것이기에 우리를 심연으로 인도해서 영혼의 '시선들'을 탐구하도록 돕지 못한다.

우리가 앞서 껍질의 문제를 빌려서 증오·사랑·불안을 폭력에 포함시켰듯이, 본 장에서 간략하게나마 살펴볼 폭력의 개념은 어느 때보다도 폭넓게 다루어질 것이다. 어떤 말도, 행동도, 사물도, 순간도——포착하기 어려운 경우가 대부분이긴 하지만——폭력의 씨앗을 숨기고 있지 않은 것은 없다. 따라서 이렇듯 폭력이 끝없이 무한대로 펼쳐져 있는 세상에서, 우리는 인생사의 평범한 흐름을 그대로 따라가면서도 우리의 생각이 단계와 과정을 밟아가며 보다 진전될 수 있도록 하기 위해 인생의 여정 가운데 몇몇 순간들을 선별하여 다루고자 한다. 그것은 탄생에서 죽음까지를 시작으로, 성·노동·이성·시간을 거쳐 우리가 세울 최종 가설, 즉 폭력에 근거가 될 수 있을 공포의 원리까지가 될 것이다.

1. 탄생, 유년기, 청년기

임산부가 진통으로 비명을 지르는 가운데, 모체 밖으로 떨어져 나온 신생아가 혈액과 양수에 싸인 채 세상에 모습을 드러낸다. 인생의 무대로 내딛는 첫 걸음이 폭력좌(暴力座) 아래서 이루어진다는 것, 이것이야말로 어느 누구도 부정할 수 없는 분명한 사실이다. 무엇보다도 우선 인체에 가해지는 폭력이 다음과 같은 충격적 장면을 통해 드러난다. 산모는 '분만대' 위에서 마치 능지처참당하기라도 하듯 근육을 긴장한 채, 이를 부드득거리고 숨을 헐떡거리며 그녀가 잉태한 신비로운 존재가 그녀 안에서 빠져나올 수 있도록 소리를 지르고, 안간힘을 쓰며, 거칠게 숨을 내쉰다. 고통은 절정에 달한다. 그러나 여기서 간과할 수 없는 점은 이 고통이 일반적인 고통들과는 다른 고통, 즉 육체를 완전히 장악해서 생명 창조의 비약 속으로 끌어넣는 생명을 만들어 내는 고통, 말 그대로 **원형적** 폭력이라는 점이다.

이렇듯 생명 보전에 있어 절대적으로 필요한 폭력 외에도 일련의——의학적·행정적·관습적·윤리적——조처들이 개입해서 탄생의 순간을 담당하고, 이 순간을 의무와 구속, 종속과 소외로 촘촘히 짜여진 조직망 안에 등록시킨다. 그래서 여성으로부터 모성 행위를 박탈하고 유아의 영혼과 살아 있는 육체에 돌이킬 수 없는 운명의 표지를 흔적으로 남긴다.

힘없는 산모와 신생아에게 가해지는 '폭력적' 지배, 그리고 무엇보다도 출산을 치료 행위로 간주하여 지나치게 '의료화'하는 경향에 대한 비난의 소리가 거세게 일어났으며, 프레데릭 르부와이예가 쓴 호소력 짙은 제목의 책, 《폭력 없는 탄생을 위하여》[2]에서 격렬하고 논쟁적인 표현들을 발견할 수 있었다. 1만여 차례의 분만 시술을 직접 담당한 저자는 '폭력적' 탄생이라는 끔찍한 장면을 구성하기에 이른다. 그는 독자에게 신생아가 쓰고 있는 '불안과 공포의 가면'을 자세히 살펴보고 '고통에 가득 찬 그의 절규'를 주의 깊게 들어본 다음, '죄 없는 어린양의 고통·고초·고난'을 깨닫기를 권한다.

르부와이예가 제안하는 신생아 맞이법은 신생아를 하나의 독립적 인격체로 보는 관점을 바탕으로 하며, 폭력을 약화시킬 수 있는 구체적인——물리적·물질적·감각적·정신적——환경들을 마련하는 것을 목표로 한다. 그런데 이렇듯 이상적인 조건들이 오토 랑크가——자신의 책 제목이기도 한——《탄생의 외상》[3]이라 부른 바 있으며, 그가 인간의 정신 구조에 대해 일관적인 하나의 이론을 세우는 데 토대가 된 최초의 폭력적 순간과 충

---

2) Frédéric Leboyer, 《폭력 없는 탄생을 위하여 *Pour une naissance sans violence*》, Seuil, 1974.
3) Otto Rank, 《탄생의 외상 *Le Traumatisme de la naissance*》, Payot, 1924.

돌한다고 해도 과연 효과적일 것인가? 외상, 다시 말해서 파괴적이고 비극적이며 돌이킬 수 없는 단절은 안온하고, 안전하고, 안락한 자궁 내부──동서고금을 막론하고 행복·황금기·낙원과 관련된 신화들의 원천──에서 외부 세계, 즉 견디기 힘든 의무·중압감·적대감·고립·고통으로 가득 찬 바로 이 **현실 세계**로 이행하는 과정에 자리잡고 있다. 랑크에 따르면 문명──노동·문화·창조·사상·성 등등──뿐 아니라 인생의 전 과정은 탄생의 외상에 과감히 맞서 극복하려고 애쓰기 위한 지속적이고 엄청난, 그야말로 영웅적 노력의 다름 아니며, 따라서 최초의 상처는 인간 존재에 깊은 영향을 남김과 동시에 인간 존재를 **형성하는 존재론적** 토대가 되는 폭력인 것이다.

이렇듯 폭력과 함께 출발한 인간의 유년기는 위험한 충돌과 피할 수 없는 대립이 펼쳐지는 무대가 되며, 그곳에서는 정신을 구성하는 내적 폭력과 환경에 따라 다양한 형태로 영향력을 행사하는 외적 폭력이 말 그대로 서로 뒤엉킨 채 결합되어 있다. 프로이트는 그가 '다형 도착자'라 부른 아동의 심리를 연구하면서, 그들이 얼마나 상호 대립적 이원성──자아의 본능과 성적 본능, 생명의 본능과 죽음의 본능──의 지배 아래 무방비 상태로 내몰려 있거나, 혹은 그와 유사한 상황에 처해 있는지 밝힌 바 있다. 프로이트는 〈매 맞는 아이〉[4]라는 심각하고 의미심장한 제목의 짧은 논문에서 환자들에게 나타나는 매 맞

---

4) Sigmund Freud, 〈매맞는 아이 Un enfant est battu〉(1919), in *Névrose, psychose et perversion*, P.U.F., 1973, p.221.

는 아이에 대한 환상을 무엇보다도 '성도착 최초의 증후'로 해석한다. 반면, 우리는 이 연구에서——"나도 더 이상은 잘 모르겠다. 아이가 매를 맞는다"라는 프로이트의 소심한 결론에 모든 폭력적 가능성을 부여함으로써——원초적이며 보편적인 환상의 형태를 볼 수도 있을 것이다. 우리 모두에게는 마음속 깊은 곳 어딘가에서, 다시 말해 우리 존재의 가장 내밀한 곳에서 한 아이가 항상 매를 맞고 있는 것이다. 다시 말해서 〈매 맞는 아이〉는 원형으로 작용하며, 실재하거나 상상에 의해 만들어진 수많은 작품들을 만드는 폭력적 모체이다. 예를 들어 영웅전(英雄傳)과 전래동화, 도착적이거나 그렇지 않은 행동들, 제도화된 관행들, 예를 들어 교육·배움·육아·제물을 바치거나 신체에 상처를 내는 의식, 피학대 아동들을 만드는 행위, 온갖 종류의 숭배, 퇴행 등등이 그것이다.

프로이트의 영향을 받았다고 밝힌 멜라니 클라인은 《아동 정신분석학》에서 유년기에 관해 지독히 어두운 결론을 제시한다. 그녀에 따르면 "신생아는 **사디즘의 절정기**와 연관성 있는 가학적 불안의 시기를 경험하며, 이때 그는 최초의 대상인 자신의 엄마를 향한 파괴적 환상과 욕망으로 인해 죄의식을 느낀다."[5] 이 연구에서 멜라니 클라인은 오이디푸스 콤플렉스, 초자아, 죽음의 본능 등의 조기 활동을 제시할 뿐 아니라,[6] 한 걸음 더 나아가 유아의 성장 과정에서 매우 중요한 단계들인 편집-분

---

5) Mélanie Klein, 《아동 정신분석학 La Psychanalyse des enfants》(1932), P.U.F., 1959, p.5.

열 입장, 우울 입장[7]을 설명하기 위해 임상 개념들을 사용함으로써 아동의 정신 세계 내부에서 활동하는 파괴적 폭력을 명쾌히 서술한다.

"6개월에서 12개월 정도 된 유아가 자신의 이·손톱·배설물 심지어 온몸으로, 이를테면 가학적 경향을 맘껏 발휘하고 상상력으로 위험한 무기를 만들어 내는 등 온갖 수단을 동원해서 자신의 어머니를 해치려고 애쓰는 장면이 우리에게 불러일으키는 감정은 믿을 수 없다기보다는 소름끼치게 한다는 것에 더 가까울 것이다. 나는 이렇듯 반발을 불러일으킬 것임에 분명한 생각이 현실에 부합한다는 사실을 사람들에게 이해시키는 일이 얼마나 어려운지 경험을 통해서 잘 알고 있다. 그러나 유아들을 대상으로 한 분석은 위의 사실을 더욱 확고히 했을 뿐인데, 우리의 분석이 유아의 욕망이 이끄는 상상의 잔혹함을 여러 종류의 수많은 강렬한 이미지들을 통해서 정확하고 분명하게 가시화하기 때문이다."[8]

'어린 시절의 요정 친구(Nymphe amie d'enfance ; 냉프 아미 당

---

6) 클라인은 성격 발달은 생후 첫 1년 안에 거의 다 이루어지며, 생후 1년이면 '초자아'가 형성되고 유아는 죽음의 본능을 타고나거나 타고난 지식을 지니고 있다고 주장했다. 이 점은 전통 프로이트학파를 대표하는 안나 프로이트(Anna Freud)와의 사이에 벌어진 대립과 갈등의 원인이 된다. 〔역주〕

7) 클라인은 인간의 성장 과정을 설명하면서 '단계(étapes)'라는 말을 쓰지 않고 '입장(position)'이라는 단어를 사용했다. 그 이유에 대해서 그녀는 성장이란 계단을 오르듯이 한 계단을 오르면 바로 이전 단계는 더 이상 의미가 없는 것과 같은 게 아니라 인간은 하나의 과정을 상황에 따라 일생 동안 왔다 갔다 하기 때문이라고 했다. 〔역주〕

8) *Ibid.*, p.144.

팡스)'라는 애정 어린 부드러운 표현을 '어린 시절의 추악함 (infamie d'enfance; 앵파미 당팡스)'으로 바꾼 마르셀 뒤샹의 말장난을 통해서도 엿볼 수 있듯이 유년기가 잔인한 세계라는 사실은——단지 '상상'으로만이 아니라——무수히 많은 문학작품들을 통해서 입증된 바 있다. 얽히고설킨 감정들로 가득한 닫힌 공간, 가족이 그 예를 찾아보기 힘든 가혹한 힘과 지배의 관계가 득세하는 장소로서 얼마나 여러 차례 소개되고 심지어는 고발되었던가. 그곳에서 '거세적' 부모의 독재, 또는 애정을 담보로 한 유치한 영혼의 엉큼한 정성이 어린아이의 애처로운 계산에서 나온 방어와 보복, 위선과 유혹에 맞서 지긋지긋한 경쟁을 벌인다. 따라서 우리는 이제 앙드레 지드의 "가족이여, 나는 그대들을 저주하노라"는 유명한 절규뿐 아니라 쥘 르나르의 《홍당무》[9] 또는 에르베 바쟁의 《손아귀에 든 독사》[10]와 같은 소설들의 주관심사를 이해하게 된다.

동일한 폭력의 축에 머물되, 그러나 좀 다른 차원에서 보면 우리는 사회의 규칙과 감시로부터 벗어나 고립된 아이들로 이루어진 집단이 오로지 '원시적' 야만 상태로 퇴행할 수밖에 없다는 사실에 직면하게 된다. 이러한 사실을 여실히 보여주는 작품이 바로 윌리엄 골딩의 《파리대왕》[11]이다. 피터 브룩에 의해서 영화화된 바 있는 이 단편 소설은 무인도에 표류하게 된

---

9) Jules Renard, 《홍당무 *Poil de Carotte*》(1884), Flammarion, 1981.
10) Hervé Bazin, 《손아귀에 든 독사 *Vipère au poing*》, Seuil, 1948.
11) William Golding, 《파리대왕 *Sa Majesté des Mouches*》, Gallimard, 1956.

영국의 초등학생들이 오로지 가학적 취미로 그들 중의 한 명을 희생시키는 과정을 보여준다. 거의 실험적이라 할 수 있는 이러한 상황에서 흔히 '구시대적' '전래의' '유전적'이라는——폭력적 인간의 근본 구조가 도처에서 항시 가동중이라는 사실을 그저 확인할 뿐인——막연한 용어들로 간단히 정의되곤 하는 폭력은 수면 위로 떠올라 마침내 모습을 드러내고 자신의 실체를 파악하도록 한다. 교육은 주체의 잠재적 폭력성을 근본적으로 변화시키기에는 역부족인 것으로 드러나며, 이 작품은 기회만 생기면 폭발해 버리는 문화의 보호대(保護帶)를 적용하기만 할 뿐인 교육제도를 실패한 것으로 규정짓는다.

폭력을 다룬다는 것, 폭력으로 다룬다는 것, 이것이야말로 인간성을 확립하는 인류학적이며 본질적인 교육의 임무이다. 그러나 이와 같이 매우 중요한 사명을 띤 교육의 의무는 교육제도의 전통적 권한에 해당하는 두 가지 공리적 역할을 통해서만 실행되고, 드러나며, 완수된다. 그 첫번째는 사회가 필요하다고 판단한 지식의 전달과 배움에 해당하는 **기술적 임무**이다. 여기에서 주체에게 요구되는 노력은——갖추어야 할 자질들 외에도 집중력·기억력·사고력 등——지적 폭력의 형태를 띠며, 창조적인 사람이 되어 인정받기 위한 것이긴 하지만 그래도 역시 폭력으로 간주된다. 생각한다는 것은 폭력적 활동인 것이다. 두번째는 주체로 하여금 행동·감수성·이해의 규범을 갖추도록 하는 것을 목표로 삼는 **문화적 임무**이며, 이 덕분으로 주체는 사회의 일원으로 동화된다. 지속적으로 압력을 가하는 다양한 형태의 **문화적 폭력**은 무정부적 다양성의 존재인 주체가 한결같고 인정받는 인물이라는——언젠가 그렇게 되기만 한다면——사회적 지위를 획득하기 위해서 필수적인 것이다. 마지막으로 교육의 **인류학적 임무**는 앞에서 서술한 두 가지를 뒷받침하는 데 쓰인다. 마치 어두운 길을 손으로 더듬으며 나아가듯이, 교육의 인류학적 역할이 추구하는 바는 인간의 인간화를 실현하는 것, 인류가 보유하고 있는 인간다운 재료들로 인간성을 매일 건설하고 또다시 건설하는 것, 좀더 구체적으로 말하자면, 표류·격랑·좌초를 거치면서도 **호모 사피엔스**를 향해 계속 항해할 수 있도록 **폭력적 인간**의 인간성 구조를 손질하고 다듬는 것이다.

그러나 이와 같은 형이상학적 중요성 앞에서——그러나 형이상학도 교육이라는 현실적 문제 앞에서는 비현실적 관념에 불과할 뿐——교육은 무력함에 빠져 사회가 엄격히 요구하는 필요성에 부합하는 문화적·기술적 목적에 만족한 채 문제를 회피한다. 그러나 교육은——여기에서 바로 교육의 위대함과 동시에 그 비참함을 볼 수 있는 것이지만——마치 오지 않는 해답을 기다리고 있는 운명의 사자처럼, 폭력적 인간의 근본적 폭력이 자신의 앞길을 막는 것을 저지할 방법이 없다. 교육 체제 안에 흡수되고 타협되어 어느 정도 통제된 폭력, 즉 소위 **제도적** 폭력은 도처에 흡수되지 않은 야생적 폭력의 잔재를 묵인하고 있거나 아니면 아예 이를 장려할 때도 있다. 다시 말해서 이 야생적 폭력은 체제 속에 흡수되지 않은 폭력이거나, 그렇지 않으면 아동들 또는 청소년들이 주축이 된 단순한 형태의 '연합'이나 무리, 집단 또는 그 형태가 일정치 않은 '친목단체'

의 내부에 자리잡고 있는데, 대부분의 경우 그 주된 또는 유일한 활동 목표는 순수한 폭력의 예식인 바, 이는 경제적·성적·또는 어떠한 특성도 없는 순수한 폭력인 것이다.

스웨덴의 작가 얀 기유는 자신의 소설, 《폭력의 제조》에서 노골적이며 심지어 공포심을 유발하는 다량의 세부 묘사들을 통해 말 그대로 순수한 폭력의 예식들을 하나하나 기록하고 있다.[12] 이 소설의 제목만으로도 이미 대단한──스웨덴의 스트야르스베르그에 위치한 한 학교의 학생들이 진지하게 따르는 매우 폭력적──계획이라 할 수 있다. 소설의 소개에 따르면 학생들간의 상호 지도 교육을 실행한다는 명분 아래, "가장 나이 많은 학생들이 후배들에 대해서 막강한 권한을 지니고 있으며 오래지 않아 빈틈없는 고문관들로 탈바꿈한다. 사역·모욕·집단 폭행 등 모든 것이, 심지어는 상상할 수 없는 것 까지도 허용된다." 기우의 책으로 학생들의 관행이 알려지자 학교는 폐교되기에 이른다. 로베르트 무질은 《생도 퇴를레스의 혼란》[13]에서 20세기초, 오스트리아의 한 학교를 배경으로 서로 다른 성격의 네 명의 학생들이 맺는 인간 관계를 좀더 섬세하고 보다 야심적으로──왜냐하면 저자 자신도 밝히듯이 자라나는 '오늘날의 독재자들'을 가려내는 것이 작품의 목적이기에──그리고 있다. 폭력은 이들을 연결하는 유일한 끈이지만 다른 요

---

12) Jan Guillou, 《폭력의 제조 *La fabrique de violence*》(1981), Manya-Presses Pocket, 1990.
13) Robert Musil, 《생도 퇴를레스의 혼란 *Les Désarrois de l'élève Törless*》(1906), Seuil, 1960.

인들, 예를 들어 가학성-피학대 취향의 성행위, 정치적 보복, 신비주의에서 파생한 행위, 심지어는 퇴를레스가 품고 있는 '상상의 수'에 관한 의문 등이 결합함으로써 더 복잡하고, 모호하고, 공포감마저 불러일으킨다. 이 소설이 주의를 끄는 이유는 성·이성·윤리에 관한 의문과 의혹으로 촘촘히 짜여진 틀의 한가운데 폭력이 자리잡고 있다는 사실 외에도, 작가 무질의 대변인이기도 한 젊은 주인공이 폭력에 대해 깊은 혐오감을 느끼면서도 동시에 현혹되어 있다는 점이다.

수많은 원시 전통 사회들은 청년기 또는 전(前)-청년기를——단어의 뜻이나 나이를 명확하게 정의한다는 것은 불가능할 것이다——흔히 잔인한 시험의 형태, 예를 들어 신체 손상, 가혹 행위, 훼손, 감금 등의 형태하에서 벌어지는 통과의례가 완결되는 시기로 본다. 사회적·제도적 폭력의 인상이 지배적인데, 이 폭력은 사춘기와 공유하는 신비로운 동질성을 배경으로 하여, 사춘기야말로 결정적인 영향력을 행사하고 지워질 수 없는 흔적을 남길 수 있는 매우 민감하고 결정적인 순간임을 알아보는 것이다. 만일 유년기가 폭력의 집중과 집약에 극도로 취약한 극점으로 나타난다면, 사춘기는 오히려 **폭력의 사거리(중심지)**로 정의될 수 있을 것이다. 아직은 사춘기의 청소년인 오이디푸스라는 자가 그의 아버지 라이오스를 **사거리**에서 살해하는 장면을 상상을 하는 것은 충분히 있을 법하지 않은가! 목소리·체모·성기·체형 등 육체를 활동 무대로 삼을 뿐 아니라, 자아 인식의 과정에서 불안하고 예기치 못한 장애로 등장하는 사춘기의 변화, 그리고 그 변화로 인해 인체 내부에서 벌어지는 **육체적 폭력**. 여아에게 나타나는 초조의 징후는——유혈을 동반한 생리적 결정론의 불법 침입!——주체가 자신의 육체와 맺고 있는 폭력적 연결 방식을 단적으로 증명한다. **육체는 폭력적이다**. 대부분의 경우 청년기는 슬프고 상처를 남기는 시련의 시기인 것이다. 그렇지만 청년기는 성욕의 억제와 조절, 교육과 직업에 대한 압박감, 적응과 소외의 문제, 인격 형성, 정치적 박해 등 모든 차원에서 모습을 드러내는 **사회적 폭력**을 무력하게나마 고발하는 시기이기도 하다. 모든 사회 체제는 청년들의 폭력, 완곡하게 표현하자면 '젊은 혈기'를 자신들의 이익을 위해 이용하는 데 주저하지 않는다. 예를 들어 무솔리니가 이끄는 파시스트당의 당가는 '**지오비네차, 지오비네차**(젊음; Giovinezza, 젊음; giovinezza)'로 시작하고, 마오쩌둥은 대학생 및 고등학생들로 이루어진 홍위병을 '수구'세력에 대한 공격의 전면에 내세우는데, 이 '세대간의 갈등'으로 수십만 명이 처형당한다. 스페인의 사상가 오르테가 이 가세트는 젊은이들의 무리, 즉 건달패거리들을 고무하는 청년기의 폭력에서 사회 구성의 기원을 보았다. 그는 다음과 같이 적고 있다. "위대한 정치적 변화의 장을 새로이 여는 사람은 노동자도, 지식인도, 성직자도 (…) 상인도 아니고, 그저 여자들이나 쫓아다니며 싸움질하는 데 정신이 팔린 젊은이들이다……."[14] 오르테가가 언급한 바 있듯이 '늑대의 아들,' 로물루스와 레무스[15]는 '젊은 깡

---

14) Ortega y Gasset, 〈국가의 스포츠적 유래 L'Origine sportive de l'État〉, in Norman O. Brown, *Le Corps d'amour*, Denoël, 1967, p.23.

패 집단의 대장'[16]들이었다.

자살·마약·정신 장애·자포자기적 태도 등 자신을 상대로 하거나, 또는 범죄·폭행·난동·강간 등 집단을 상대로 하는 청년기의 폭력에 대한 사례는 너무나도 잘 알려져 있다. 개인의 잠재적 폭력과 사회적 폭력이 불가분의 관계를 맺고 있기 때문에 인간이 중요한 선택의 문제에 봉착할 때, 그래서 그가 존재의 문제와 관련된 중대한 의문들에 직면할 때, 주체가 스스로 완수해야 하는——창조적인——노동이 훨씬 더 힘들고 매우 결정적인 문제로 대두된다. 따라서 다음 장에서 폭력의 관점에서 조금은 생소하다 싶을지도 모르겠으나, 인간 존재의 문제와 직결된 성, 노동, 이성의 문제들을 다루고자 한다.

2. 성, 노동, 이성

〈창세기〉에서 성, 노동, 이성과 관련된 모든 것은 사악함에 휩싸여 있다. 아담과 하와로부터 시작된 나체에 대한 수치심과 출산이 가져온 고통으로 인해 성은 죄악시되고 저주받은 것으로 취급된다. 인간으로 하여금 선악과에 손을 대지 못하도록 한

---

15) 로마제국을 창건(BC 753)했다고 알려져 있는 쌍둥이 형제. 전설에 의하면, 로물루스(Romulus)와 레무스(Remus)는 아기 때 버려져 늑대의 젖을 먹고 자라다가 한 양치기에 의해서 키워졌다고 한다. 이 두 형제는 신들의 제안에 따라 팔라티노(Palatino) 언덕 위에 도시를 건설하는데, 그 과정에서 로물루스가 레무스를 살해한다.〔역주〕
16) *Ibid.*, p.24.

금지는 인간의 이성이 위반과 가까워지는 결과를 초래한다. 노동은 마치 저주받은 노역처럼 영원히 되풀이하도록 정해진다. 죄악·저주·금지·위반이라는 특징들 모두가 폭력의 축을 형성한다는 점에는 의심의 여지가 없다. 물론, 이와 같은 관점에 동의하지 않고, 성, 노동, 이성을 해석하는 데 있어 좀더 긍정적이고 부드러운, 요컨대 보다 도덕적인 관점을 채택할 수도 있을 것이다. 그렇게 되면 강간·폭행·매춘 또는 다른 여러 악습들은 옆으로 밀려나고, 성(性)은 오든이 노래한 사랑의 신 에로스, '문명을 건설한 바로 그 에로스 신'의 걸작으로서 모습을 드러낼 것이다.[17] 성은 인간들을 결속시키고 그들을 화합으로 이끄는 역할을 할 것이며, 갈등이 전혀 없는 사랑의 시대가 열릴 것이다. 또한 노동은 생동감 넘치고 행복한 창조적 행위로 칭송될 것이며, 따라서 이성의 사용은 인간의 드높은 위대함과 놀라운 능력의 발현일 것이다. 그 무엇이 파괴적이고 비이성적인 힘으로 비난받는 폭력에 이보다 더 정면으로 대치할 것인가.

그러나 다소 극단적이며 서로 대립적인 위의 관점에서 벗어나 문제를 바라본다면, 성, 노동, 이성을 모두 포함하는 하나의 축과 또 다른 하나의 축인 폭력이 서로 교환·대체·거부·결합·결탁하는 등 매우 복잡한 양상을 띠며 밀접한 연관을 맺고 있다는 사실이 드러난다. 하나의 요소가 다른 하나의 요소를 소유하고 독점함으로써 일어나는 상호 변형의 지칠 줄 모르는 동

---

17) W. H. Auden, 《지크문트 프로이트를 추모하며 *In Memory of Sigmund Freud*》(september 1939), cité in Roger Dadoun, *Freud*, Belfond, 1982, p.165.

력이 폭력을 작동시키고 재가동시킨다. 이렇게 해서 우리가 인류의 토대로 여기는, 불안정하고도 소중한, 어둡고도 밝은 폭력의 특별한 형태가 모습을 드러내는 것이다. 이와 같은 연관 체계를 좀더 분명히 이해하기 위해서, 서론에서 거론한 **호모 섹슈아리스ㆍ호모 파베르** 또는 **호모 라보랑스ㆍ호모 사피엔스 사피엔스** 그리고 연결을 담당하는 재빠른 동작주, **호모 폴리티쿠스**가 포함된 거대한 행성들이 춤을 추면서 **폭력적 인간**이라는 중심점 또는 축의 주위를 맴도는 장면을 상상해야 할 것이다.

따라서 우리는 반박의 여지없는 주제들을 하나로 묶어 다루고자 한다. 그것은 각각에 주어진 특성에 따라 예외없이 폭력을 수행하는 성, 노동, 이성이다. 이를 위해서는 좀 노골적인 문제들을 다루는 데 주저함이 없어야 할 것인데, 그렇게 하지 않으면 기본적 폭력이 마치 얽히고설킨 실타래 같은 회로 속에 즉각적으로 들어가지 않기 때문이다. 인간은 성욕이 있는 존재이다. 성적 욕망의 영향력이 너무나 강력하기 때문에, 오래전부터 '성의 노예' '육체의 악마' '감각의 제국' '정념의 불꽃'을 그리는 시인ㆍ철학가ㆍ사상가, 그리고 문학가들이 애수에 찬 감동적인 문장들을 낳았고, 또 다른 이들은 근본적 폭력으로서 성의 핵심으로 우리를 이끈다. 성에 비해 분명히 드러나지는 않지만, 노동의 '자연적' 또는 '경제적' 필연성은 인간이 세계와 맺는 필요 불가결의 관계를 지배하기 때문에 사실 가장 중요한 위치를 차지한다. 한편, 인간은 생존의 투쟁에 있어 '자연'이라는 피할 수 없는 법칙에 순응해야 하기에, 자연은 자신이 당하는 모든 시련, 즉 인간의 기술과 가공 능력의 발전에도 불구하고 인간을 자신 앞에 무릎 꿇게 하는 제일의 강자로 군림한다. 뿐만 아니라 인간은——극히 축소해서 말하자면——인간 안에 '내재하는' 그의 고유한 '본성'인 '인간의 이성'이라는 틀 안에 어쩔 수 없이 들어가야만 한다. 그런데 만일 오늘날 흔히 거론되듯이, 순전히 추상적인 관념일 뿐이라는 이유로 이성을 인정하지 않는다면, 그것은 오히려 이성이 내재적 본성이 아니기 때문에, 즉 '자연적'이지 않기 때문에 인간을 지배하기 위해서, 다시 말해 이성이 인간 존재의 구조 안에서 가장 중심을 차지하는 절대적인 힘으로 인정받고 자리매김하기 위해서 인간에게 필연적으로 폭력을 행사한다는 사실만을 부각시키게 될 뿐이다.

집단은 이와 같은 폭력적 결정론 위에 자신의 폭력을 부가해서 이를 변형시키거나 악화시키거나 또는 약화시키기도 한다. 생물학적 결정론인 성 본능은 수많은 규칙·의무·금지의 지배를 받는다. 사회가 인간의 선택·목적·행동·관계 심지어는 감정과 감동까지도 강요하거나 억압한다는 것이다. 사회라는 조직망 속에서 가장 굵은 빨간색 실이 다른 모든 그물코들을 자신에게 유리하도록 끌어당긴다. 개개인이 자신의 성(性)을 짜나가는 데 있어 사회가 행하는 지속적이고도 강제적 개입은 폭력의 가장 위력적이고 심각한 측면인 것이며, 바로 이러한 이유로 인간들이 가장 강력하게 저항하는 부분이기도 하다. 노동이란 시간이 흐를수록 점점 더 우리에게 신의 저주가 존재함을 보여주는 하나의 예증인 듯하다. 시간·행동·속도·물질적 및 정신적 조건 등 노동은 인간을 소외시키고 바보로 만들거나 노예화하는 수단·형벌·'족쇄,' 또는 지옥으로 묘사되고 또 실제로 그렇게 경험된다. 증언·조사 자료·소설·선언문 등으로 이루어진 헤아릴 수도 없이 많은 작품들을 통해서 일상의 대대적 폭력이 고발된다. 프리츠 랑의 영화 〈메트로폴리스〉(1926)에서[18] 지하 도시의 기계실이 거대한 괴물로 서서히 변해 가듯이 노동은 성서에 나오는 괴물, 몰렉인 것이다. 마지막으로 사회는 이성을 무기, 즉 데카르트에 의해 짜여진 계획에 따라 '우리를 자연의 주인이자 지배자로 만드는 것'을 목표로 하는 투쟁의 도구로 만든다. 정복적 이성은──프랑크푸르트학파의 철학자, 호르크하이머와 아도르노의 주장과 현대 환경주의자, 머리 북첸의 입증에 따르면 '정복한다'는 것은 폭력 없이는 불가능하다고 알려져 있다──베르그송이 말한 바 있듯이, 내부 세계·질(質)·생명의 예측 불가능한 유연성을 희생시켜 가면서 무엇보다도 우선, 외부 세계·재료·양(量)·기계로 관심을 돌린다. 그러나 자연을 마구 다루고 지나치게 함부로 취급했다는 점을 분명히 자성하는 이성이, 바로 정신 현상의 영역에서 이미지·감성·의지력·환상을 자신의 거만한 감시 아래 놓은 채 권위주의를 행사하는데, 이는 자신만이 질서·일관성·통일성을 부여할 수 있다는 생각에서 비롯된다. 그런데 통일성이 내포하는 전체화의 사명은 이 개념의 전지전능함을 숭배하는 철학의 지지를 받음에 따라, 스스로가 폭력적 이성으로 형성되었기

---

18) 도시 자본가들이 거주하는 지상 세계와 노동자들의 지하 세계로 분리된 미래 도시 메트로폴리스(Metropolis)를 배경으로 전개되는 독일 영화 감독 프리츠 랑(Fritz Lang; 1890-1976)의 대표작. 1920년대 후반, 혼란스런 독일을 배경으로 국민들간의 계급적 화해를 꾀한 영화로 알려져 있다. 2001년 유네스코는 이 작품을 세계기록유산으로 지정했다. 〔역주〕

에 폭력을 '이성화'할 수 있다고 믿는 역사 및 정치철학의 다양한 관점이 지향하는 전체주의적 태도로 재빨리 선회한다.

폭력의 '시선'으로 인간의 고유함을 파악하기 위해서는 우리가 가지고 있는 고립되거나 또는 서로 대립하는 폭력들의 충돌과 그로 인한 폭력의 절정, 다시 말해 흔히 우리 안에서 또는 우리 밖에서 군림하고 있는 바 그대로의 **폭력의 증가**로 인해서 인간의 고유함이 성장하고 명확해진다는 사실을 인정해야 한다. 그런데 보다 더 놀랍고 중요한 사실은 서로 부딪히거나 한데 뒤섞이는 다양한 형태의 폭력들이 암묵적으로 서로 협력하거나 또는 반대로 서로 억압한다는 사실이다. 폭력이란 어떻게 보면 다른 폭력에 대해서 **저항**하듯이 강력히 맞서서 단단히 고정시키려 한다. 그러나 모두 다 기력을 잃어버리게 되고 결국엔 더욱 **강력한 폭력**이 등장하는 것이다. 이는 폭력의 역설적 진행 과정이라 할 수 있다. 폭력의 다양한 형태——절정-증가 그리고 저항-강화——들이 서로 결합하고, 교환하며, 어마어마한 소란을 일으킴에 따라서 중앙의 축, **저항하는 연결 에너지**를 지닌——폭력적 인간이 자신의 특수성을 구체화하는 중심부이기도 한——핵심이 발전되고 "대량으로 만들어진다." **정수**라 할 수 있는 극도로 집중된 하나의 점으로부터, 폭력의 셀 수도 없이 많은 파편들이 세상의 종말까지——히로시마 원자폭탄!——사방으로 퍼져나가는 것이다. 그러나 **저항**의 거점이기도한 하나의 지점에서 폭력은 머무르고, 숨을 죽인 채 잠시 휴지(休止) 상태에 들어간다. 인간 영혼의 압축인 동시에 그것의 놀라운 반향이 아닌가! 그 안에, 어쩌면 미약하게나마 **폭력**

적 인간의 덕성이 존재하는지도 모른다. 그것은 마치 안식의 순간과도 같은 폭력의 일시적 중단을 완수하는 것이리라.

3. 이타성(異他性), 동일성

폭력은 언제나 타자의 폭력이다. 우리는 일상의 문제를 흔히 그렇게 바라본다. 빗발치듯 퍼붓는 타자의 미세한 폭력적 입자들이 사방에서 공격받아 스스로를 희생자로 여기는 '나'를 마치 어두운 먹구름처럼 뒤덮는다. 우리의 일상은 그렇게 흘러간다. 그런데 우리가 당하는 위협·피해·적의·고통은 타자로부터 올 뿐만 아니라 우리를 정당화하기도 한다. 각자의 자아에 견고함과 일관성을 부여하기 위해서는, 마치 자신의 정체성을 위한 간단한 건강관리법이기라도 하듯이 타인을 폭력의 소지자로 단정해야 할지도 모른다. 각자가 자신 안에 지니고 있는 악한 면──폭력──을 타인을 향해서 배출하지 않는 한 개인의 정체성이란 없는 것이다. "내가 먼저 시작하지 않았어요." 쉬는 시간 학생들 사이의 싸움이 있을 때마다 되풀이되는 이같은 타령, 가브로슈가[19] 피로 써 놓은 범인류적 변명을 우리 모두는 익히 잘 알고 있다. 언제나 볼테르의 잘못이고, 항상 루소가 틀렸다. 남의 탓이다. 자! 이렇게 해서 폭력에 대해 부드럽고, 따라서 당연히 '비폭력'적 정의가 세워진다. 우리는 폭력에 그저 대

---

19) **Gavroche**: 빅토르 위고의 소설 《레미제라블》의 등장 인물이다. (역주)

답만 하고 있을 뿐인 것이다. 앞에서 잠시 거론한 '껍질(peau)'의 문제를 다시 따라가 본다면, 폭력을 행사하는 사람의 입에서 "난 내 목숨을 보호하는 것이오(Je défends ma peau)"라는 외침이 터져 나올지도 모를 일이다.

'누가 먼저 시작했나?'의 문제, 즉 타자의, 따라서 기원의 문제에 종지부를 찍으려면 아직도 요원한 듯하다. 〈창세기〉의 도움을 받아 기원의 폭력에 대해 몇 가지 견해를 세울 수 있었던 것과는 달리, 폭력의 기원에 관해서는 그 어떤 것도 분명히 진전된 바가 없다. 단어의 위치를 단순히 교체하는 것이 판도를 어지럽힌다. 나는 타자에 **맞서** 폭력을 행사한다. 그것은 추악하다. 그렇지만 확신컨대, 이것은 단지 **방어-폭력**일 뿐이다. 자, 이제 훨씬 더 낫지 않은가! 무고한 인류. '진정한' 폭력은 없고 단지 방어-폭력들만이 있을 뿐이다. 불안한 인류. 방어-폭력일 뿐이라고 자처하는 수많은 경우들이 모여져 **폭력적 인간**의 구조를 백일하에 드러내고 그의 공격적 측면을 부각시킨다. 이렇게 해서 인간이란 근본적으로 **반대-존재**임이 밝혀지는 것이다. 이 점에 관해서는 누구보다도 앙리 미쇼가 여러 작품들을 통해 신랄한 의견을 제시한 바 있는데, 그의 작품들은 **반대-인간**에 대한 일종의 인류학을——그러나 그것은 민족학이거나 기술공학이기도 하다——구성한다. 미쇼의 시 중 하나는 건조하게 그저 〈반대〉라 불린다. 이 시에서 그는 마치 묵주를 세듯이 기도문처럼 장황한 폭력들을 하나씩 나열한다. "나는 반대한다, 나는 반대한다./나는 반대하고 너에게 죽은 개를 먹인다." 이렇게 시작한 시는 다음과 같이 끝난다. "내가 너의 사지를 찢고야 말겠다."[20] 미쇼의 **반대-인간**은 곡괭이 · 가시 · 깨진 유리조각 · 수정 유리조각 · 바늘 · 이빨 · 발톱 · 손톱 · 칼 · 톱 · 창 · 검 · 단도 · 송곳 등이 촘촘히 박혀 번쩍이는 갑옷을 입고 있다. 그는——다름 아닌 타자를——찌르고, 째고, 사지를 잘라내고, 잡아 뜯고, 절단하고, 잘게 썰고, 으깨고, 부수고, 갈기갈기 찢어 죽일 수 있도록 **완전 무장**을 하고 있는 것이다.

심지어 자신에게 가하는 폭력에서조차——폭력의 의미를 축소시킬 가능성이 있기에 '피학대 음란증 환자'라는 용어는 사용하지 않겠다——타자는 의심의 여지없이 분명하게 개입되어 있다. 타자가 무력으로 또는 교묘하게 침입하려고 애를 쓴다면, 자아의 문들은 항상 활짝 열려 있는 상태이다. 미쇼의 또 다른 시, 〈행동하라, 내가 간다〉는 다음과 같다. "네 안에 문을 밀어 열고 내가 네 안으로 들어갔다." "내 힘은 네 몸 안에 슬그머니 들어가 있다."[21] 미쇼에게 이와 같은 타자의 '점령'은 잘 하기 위한 것, '내가 네 안에 평화를 널리 퍼지도록 하기'[22] 위함이다. 그러나 착한 '원상(原象)'들은 잘 키워 봐야 아무런 소용이 없고, 항상 그렇지도 않다. 더욱이 타자란 오히려 모두가 마음속에 품고 있는 그 유명한 뱀과도 같은 것이다. 그는 나를 차지

---

20) Henri Michaux, 〈반대 Contre〉(1933) in *La Nuit remue*, Gallimard, 1967, p.80.
21) Henri Michaux, 〈행동하라, 내가 간다 Agir, je viens〉(1954) in *Face aux verrous*, Gallimard, 1967, pp.29-30.
22) *Ibid.*, p.29. 미쇼에게 있어 평화가 사방으로 펼쳐져 있는 것은 아니다. 주요 원칙은 그의 시 〈내 업무 Mes occupations〉에 적혀 있다. "Je peux rarement voir quelqu'un sans le battre."(〈Mes propriétés〉: in *La nuit remue*, p.106)

하고——불쾌한 '점령'——마치 한 줌의 소다가루가 더러운 물때를 분해하듯이 내 안에 들러붙는다. 그는 안에서부터 나를 집어 삼키고, 내 팔을 무장해제하고, 내 피를 오염시켜 내가 나를 파괴하도록 한다. 따라서 모든 폭력은 타자의 폭력일 뿐 아니라 그가 타자라는 유일한 이유만으로, 그가 여기에 있다는 이유만으로, 그가 존재한다는 이유만으로 폭력이다. (그는) 타자다, 고로 (그는) 없어야 할 것이 있는 것이다! 이 '없어야 할 것이 있는 것' 자체가 본질적이며 이론의 여지 없는 폭력인 것이다. 타자가 내 앞에 모습을 드러내자마자——그런데 타자는 항상 나를 마주 본다——그는 나에게 반대하고 대립한다. 그는 어느 정도의 공간을 차지하고 나를 그곳에서 제외시킨다. 그는 얼마간의 시간을 소유하는데 그것은 나에게서 훔쳐간 것이다. 그가 취하는 어떤 행동들은 그 과녁이 바로 나를 향한 것이다. 그가 이야기를 계속하는 동안 나는 침묵으로 일관하느라 죽을 지경이다.

　타자가 나를 '장악하고' 있다. 정말 용서할 수가 없다! 그런데 그는 타자인 것만으로는 만족하지 않는다. 그는 자신 안에 나를 끌어들여 나를 집어 삼키고 자신의 이타성 안에 나를 완전히 흡수하고자 애를 쓰며, 자기 마음대로 나를 이리저리 돌려보고, 나도 모르는 내 모습을 내 정면에 들이대고 난 후에 나를 차버려야 직성이 풀리는 것이다. 타자는 나에게 이중의 폭력을 가한다. 이타성의 폭력 그 자체가 하나이고 또 다른 하나는 그가 나의 정체성을 조금씩 물어뜯거나 또는 마음대로 조립한다는 점에서, 다시 말해서 그가 나와 **동일시**하고자 한다는 점에서 이타성의 폭력이다. '상호 의존 관계'에 더 큰 가치를 부여하는 선상에서 마틴 부버가 발전시킨 《나와 너》 사이에,[23] 혹은 자아와 타자 사이에 바람직한 '의사소통'의 관계는 분명히 존재한다. 그러나 이 역시 나중에야 등장하는 타자성의 '현현(顯現)'처럼 폭력의 단단한 방어 앞에서는 별 힘이 없다. 자, 여기 강의실이나 회의실, 아니면 한 무리의 동료들이 있다고 가정해 보자. 어느 누구도 기다리고 있지 않던 한 사람, 정체불명의 한 사람, 한마디로 말해서 타자가 등장했을 때 분위기는 갑자기 경직되며 모두들 긴장한 채 상대방의 반응을 기다리고, 그 안에서 감지할 수 있거나 혹은 그렇지 못하거나 상관없이, 은밀한 폭력이 긴박하게 또는 애매모호한 상태로 지속되어, 긴장감이 해소되는 순간까지, 즉 침입자를 맞아들이거나 쫓아내는 순간까지 이어진다.

폭력은 시선을 통해서——마치 '시선'과 폭력 사이에 거의 형이상학적이라 할 수 있는 매우 특별한 유대감이 존재하기라도 하듯이——자신의 가장 섬세하고 다양한 모습을 드러낸다. 자신을 바라보는 것이라면 무엇이든지 그대로 돌로 만들어 버리는 고르고노스[24]의 그것과 견주어 손색 없는 시선들이 존재한다. 즉각적으로 폭력을 행사해서 얼어붙게 만들고, 정신을 쏙 빼놓는 시선들, 심문하고, 의심하고, 말 그대로 '한 방에 일격을 가하고' 취조하듯이 캐묻고, 멸시하고, 꿰뚫어 보는 시선들,

---

23) Cf. Martin Buber, 《나와 너 Je et Tu》(1923), Aubier, 1969.
24) 머리카락이 뱀 모양이며 이를 본 사람을 돌로 변하게 하는 그리스 신화에 등장하는 세 자매 괴물 중의 하나. 〔역주〕

상대를 괴롭히고 집요하게 붙잡고 놓지 않는 시선들, 다른 한편으로는 너무나 온화하고 부드러워 갈피를 잡지 못하고 허우적거리게 만드는 시선들도 있는데, 집요하고, 끈질긴 애정공세에 빠지지 않았기에, 비로드처럼 부드러운 눈에서 강철과 같이 단단한 눈동자를 만나지 못한 것은 그나마 운이 좋은 것이다. 실제로 이 모든 것들은 일상에 산재하는 폭력의 현상학, 즉 몸짓·손짓·말·어조·자세 등을 통해 나타난다. 폭력의 신호들은 '의식에 즉각적으로 주어지는 것들'로 즉시 감지되며, 그것들로 인해 우리가 존재하는 한, 우리들 모두는 **폭력적 인간**의 반향, 동일한 파동의 선상에서 서로 다시 만나게 되는 것이다.

따라서 폭력적 이타성에 저항하기 위해서는 강한 자아, 즉 자신감으로 무장한 자아가 필요하다는 것을 이해할 수 있다. 그렇지만 이 역시 어떤 특별한 형태의 폭력 없이는 불가능하다. 그 하나는 대화를 할 때마다 '내가' 또는 '나는'을 거론하며 반복하는 것이고, 다른 하나는 비록 자아가 한편에서는 자신을 금지와 명령으로 짓누르는 초자아의 압력과, 또 다른 한편에서는 온통 본능적 에너지로 이루어진 강력한 무의식의 공격을 받고 있을 때조차도 자아를 우위에 놓고 이러한 상태를 유지하는 것이다. 대부분의 경우 가혹하고, 심지어는 손실과 혼란을 일으키기까지 하는 이러한 심리적 갈등을──정신병리학의 전 분야와 '일상 생활의 정신현상학' 전체가 이 문제에 몰두한다──고려해 볼 때, 우리는 자아가 저항하고, **견뎌내고**, 프로이트의 표현을 빌리자면 '자신의 집에서 주인으로' 계속 머물러 있기 위해서 어쩔 수 없이 폭력적인 구조물, 이를테면 주체의 존재에 가하는 지속적인 힘의 행사와도 같은 것이어야 한다는 사실을 짐작할 수 있다. 이렇듯 폭력에 의존하고 폭력에 의해서 유지되는 자아의 구조가 사회 조직과 정치 권력을 세우는 폭력적 제도와——이 제도들에 호소하거나 또는 수용하면서——어느 지점까지 의견 일치를 볼 수 있을지 누가 과연 답할 수 있을 것인가?

우리가 의식적 노력을 통해 **고유의** 정체성을 견고한 자아를 중심으로 굳건히 조직하려고 해도 사회가 규정한 정체성, 즉 출신·직업·외모·국적·문화·'뿌리' 등 다양한 조각들이 존재할 뿐 아니라, 사회는 이것들 위에 공동체라는 무거운 이타성이 각인된 사회적 정체성의 형식을 강요함으로써 계속해서 자신의 존재를——그의 폭력을——내세울 것이다. 따라서 각자는 자신의 고유한 정체성으로, 검토 대상인 자신의 자아로 폭력을 한층 더 갈고 닦아야 하는 것이다.

4. 시간, 죽음

모든 것은 사라진다.

이 점, 그 누구도 의심하지 않으리니,

일말의 의심도 허용치 않는 유일무이의 명제가 어쩌면 바로 이것이다. **시간은 흐른다.**

조금도 의심할 수 없다는 것, 어떻게 해볼 도리가 전혀 없다는 것, 흘러가는 시간이라는 이 준엄한 세계에서 완전히 수인

(囚人)으로 머물러 있다는 것, 이 모든 것이 그 자체만으로도 이미 극도의 폭력이 아닌가? 시간의 영원성에 들러붙어 있는 무한한 폭력이자 동시에 포착 불가능한 매 순간 안에 살아 있는 자잘하고 미세한 폭력들…….

시간은 폭력인가? 아주 오랜 옛날부터 가장 최근에 이르기까지 많은 주장들이 우리에게 다음과 같이 단언하고 있다. "모든 것은 흐른다." 널리 알려져 있을 뿐 아니라 늘 거론되기도 하는 이 명제는 에페소스 출신의 철학자인 헤라클레이토스에게서 유래하며, 다음과 같이 매우 적절한 이미지에 잠겨 있다. "같은 강물에 두 번 들어갈 수는 없다."[25] 기원전 320년경 그는 현실의 가장 깊숙한 곳에 숨어 있는 **폭력**을 만천하에 드러낸다. "투쟁은 만물의 아버지이며, 고로 그가 만물의 왕이다."[26] 만약 우리가 시간이라는 헤라클레이토스의 강물에 투쟁·전쟁·폭력을 집어넣는다면, 필연적으로 다음과 같은 결론이 도도히 흐를 것이다. **시간은 폭력이다.**

우리와 거의 동시대를 산 한 시인이 우리가 늘 바라보는 강물에 몸을 숙인 채 헤라클레이토스처럼 말한다. "미라보 다리 아래 센 강은 흐른다." 아폴리네르는 그의 발 아래로 구불구불 흘러가는 시간을 응시하고 있다. "사랑이 떠나간다" "세월이 가 버린다" "하루 또 하루가 지나고 한 주 또 한 주가 흐른다." 그런데 이렇듯 더디게 흘러가는 강물에서 폭력이 터져 나온다.

---

25) Héraclite, frga. A 45a, in Giorgio Colli, 《그리스적 지혜 *La Sagesse grecque*》, t. III, 〈Héraclite〉, Éditions de l'éclat, 1992, p.57.
26) *Ibid.*, p.35.

"인생이란 얼마나 느린 것인가/희망이란 또 얼마나 폭력적인가."[27] '비-에-랑트(vie-est-lente; 인생이란 느린 것)'를 잘 울려퍼지도록 천천히 발음함에 따라 '비-오-랑트(vi-o-lente),' 즉 '폭력적' 희망이 시간의 폭력성을 분명히 드러내고 동시에 증폭시킨다.

아폴리네르의 희망이 그가 짊어지고 있는 폭력을 떨쳐 버리고, 경쾌한 미래를 향해 나아갈 수 있을까? 유토피아가 전념하는 문제가 바로 이것인데, 유토피아는 인류가 폭력을 완전히 털어 버리고 행복의 시대(時代)와 지대(地大) 안에 자리잡았다고 본다. 토머스 모어가 1516년 자신의 책, 《유토피아》에서 제안하는 모형은 **좋은 곳**(eu-topie), 즉 낙원의 모습을 빌려 나타난 '존재하지 않는 곳,' 즉 **없는 곳**(ou-topos)이다. 그런데 이 책에서 토머스 모어는 사실 '시간의 범주 밖의 시간,' 즉 **유크로니**(uchronie)에 대해 이야기하고 있으며, 이는 행복의 시간, 폭력이 전혀 없는 시간, **유크로니**(eu-chronie)를 뜻한다. 모어에 따르면 "유토피아 사람들은 전쟁을 극도로 싫어한다."[28] 샤를 페기가 상상한 '화목한 도시'에서는 과거에 있었던 폭력의 그림자뿐 아니라, 심지어 그 메아리마저 제거된다. '온갖 사회적 병폐에 대한 지식' '거짓, 증오 그리고 질투'의 역사는 제거되며, 인류는 일종의 시간——또는 비(非)-시간——의 충만함 속에

---

27) Guillaume Apollinaire, 〈미라보 다리 Le Pont Mirabeau〉(1912), in *Alcools*, Gallimard, 1913.
28) Thomas More, 《유토피아 *L'Utopie*》(1516), Flammarion, 1987, p.200.

잠겨 있는, 마치 거대한 공존 공생의 사슬과도 같을 뿐이다. "지구상의 (…) 모든 국가의 (…) 모든 언어의 (…) 모든 생활 방식의 (…) 모든 사람들이 화목한 도시의 시민이 되었다."[29]

시간을 '완전히 정복하기' 위해서 평범하나 덜 급진적인 방법이 존재하기도 한다. 시간을 뒤덮고 있는 끔찍한 폭력의 껍질을 꾸준히, 점차 강도를 높이면서 제거해 나가는 것이 바로 그것이다. 이것이 바로 **'진보'**라 불리며, 현대 문화 전체의 근간을 이루는 원칙이다. 진보가 분명히 명시하는 임무란 인간의 애처로운 조건에 구체적이고 실질적인 개선을 가져다준다는 것이다. 그러나 이렇게도 고결한 원칙에서 비롯된 구체적인 결과들이 너무나 제한적이어서 우리는 이 결과들이 인간이 시간의 폭력성과 맺고 있는 끔찍한 관계를 그저 조금 약화시킬 뿐, 더 완전하고, 더 획기적인 역할을 수행한다고 인정할 수 없다. 다시 말해서 그 결과들은 항생제·제트 비행기·컴퓨터·팩스·휴대 전화기·세탁기 등 강력하고 구체적인 기호들의 도움으로 역사의 '진보주의' 철학자들이 계속해서 약속하는 폭력의 영도(零度)——우연히 손에 쥐어지는 행운과도 같은——상태에 이르리라는 희망을 품도록 하지만, 실제로는 하강 곡선을 단지 완만히 만들 뿐인 것이다.

유토피아는, **이와 반대로**, 시간의 폭력성을 소멸시키려는 의지로 시간의 폭력성을 만천하에 드러낸다. 유토피아는 독일의

---

29) Charles Péguy, 《마르셀, 화목한 도시에 관한 최초의 대화 *Marcel, premier dialogue de la cité harmonieuse*》(1897), Gallimard, 1973, pp.126-127, pp.25-26.

철학자 에른스트 블로흐가 수많은 견해들이 촘촘히 전개되어 있는 자신의 책에서 《희망의 원리》라 부른 상태로 향한다.[30] 그렇지만 유토피아가 와해시키는 것은——시간이 폭력적이라는 것을 확인함으로써——바로 시간이다. 유토피아를 다룬 글들은 혼돈으로 가득 찬 시간, 생동감 없는 초시간, 무미건조한 영원의 묘한 인상만을 남길 뿐이다. 이와는 반대로 **반(反)-유토피아** 또는 **디스토피아**를 다룬 책들은 강렬한 문장들 사이로 음산한 폭력의 골자만을 간직하고 있다. 조지 오웰은 자신의 소설 《1984년》에서 현대의 험악한 분위기를 구체적인 장면을 빌려 정확히 표현한다. "미래의 이미지를 간절히 원하신다면 사람의 얼굴을 (…) 영원히 (…) 짓밟고 있는 장화를 상상하십시오."[31] 정당의 대표가 호언장담하는 '공포로 가득한 세상'에서 짓밟을 얼굴은 언제나 존재할 것이다.

흔히 하는 말로 돌이킬 수 없이, 되돌릴 수 없이, 만회할 수 없이 사라지고, 흘러가는 순간의 경험보다 더 즉각적이고, 직접적이고, 전적이며, 순수하고, 범인류적인——따라서 절대적으로 더 인간적인——경험이란 없다. 이것은 가장 평범하고, 가장 확실하고, 끊임없이 일상적이고, 진부함과 가장 잘 어울리면서도, 동시에 단 한순간도 무뎌지거나 마모될 수 없는 **순간의 경험**인 것이다. 정신의 세계는 **수정되는** 만큼 구성되고 유

---

30) Cf. Ernst Bloch, 《희망의 원리 *Le Principe Espérance*》(1959), Gallimard, 1976-1992, 3vol.
31) George Orwell, 《1984년》(1948), coll. 〈Folio〉, Gallimard, 1980, p.377.

지되며, 산다는 것은 계속적인 **수정 작업**과도 같다. 그러나 시간은 결코 돌이킬 수 없는 것, 예리한 폭력으로 우리를 인도한다. 어떤 사건이 하나 일어났고, 말 한마디가 내뱉어졌고, 행동 하나가 실행에 옮겨지자, 시간은 지체 없이 그것들을 끄집어 내서는 영원히 가져가 버린다. 그래서 어쩌면 우리 어깨 위에는 언제나 에드거 앨런 포의 까마귀가 한 마리 앉아 '**두 번 다시**(Nevermore)'라고 쓸쓸히 울고 있는지도…….

  시간의 폭력이 인간의 영혼에 치유될 수 없는 손상을──끊어지고 분명치 않은 기억──남기고, 육체에는 가차없이 정확한 실행력을 발휘하여 **노화**라 불리는 자신의 흔적을 새긴다. 마치 모욕의 행렬처럼 세월이 괴롭히고 전신에 흔적을 새겨 넣은 '몸뚱이'뿐인 육체에, 의식의 기세는 한풀 꺾이고 욕망의 원천은 고갈되어 가기만 하는 영혼에, 점점 좁혀들어만 가는 이웃의 범위에, 정력과 젊음을 숭상하는 사회가 주변으로 또는 양로원으로 몰아내는 온전한 사람에게, 장차 도래할 죽음에 맞춰 인정사정없이 짜여진 인생의 운동 그 자체에 변함없이 단호한 노화의 폭력이 계속 이어진다.

  모든 것은 사라진다. 그리고 죽음으로 치닫는다. 시간의 끝없는 폭력과 작별을 고하기 위해 본 연구의 서두에서 우리가 제기한 개념에 한 가지를 더 보충하고자 한다. 죽음이란──이 분야에 관해서 우리는 그저 되풀이할 수밖에 없기에 마지막으로 이 단어를 다시 한번 말해보자──인류가 짊어진 최후이자 최상의──그리고 가장 최초이기도 한──폭력이다. 폭력적 인간은 그의 곁에, 그의 위에, 그의 안에 죽음을 지니고 있다.

그는 **죽음의 인간**(homo mortifer)이다. 묘비명, 가득 쌓인 조화, 기도, 장례식, 함께 음식을 나누는 전통이 있다고 할지라도, 죽음으로 인해 시간은 인간의 존재 내부에——마치 결코 아물지 않는 상처에 대해서 말하듯이——아물지 않는 폭력을 남긴다. 죽음이란 포착할 수 없는 어떤 **신비로운** 세계로부터 무겁고, 어둡고, 거대한 폭력을 끄집어 내는 것만이 아니다. 죽음이 의미하는 극복할 수 없는 문제, 즉 죽음의 본질적 폭력은 이전의 모든 존재는 물론, 산 사람의 덧없는 숨결 하나하나에 쉬지 않고 밀려들어와 그 어느 누구도 비껴 갈 수 없는 폭력의 칼, 죽음의 낫의 음산한 빛을 드리운다.

5. 공포

죽음은——장례의——대관식이자 인류학적인 면에서 매우 치욕스러운 일——사람이 하나 사라지다니!——임과 동시에 시간의 폭력에 종말을 고하는 것이기도 하다. 고인의 곁으로 '그의 시간이 도래했다' '그가 그의 시간을 다 했다' 등의 조사가 이어지고, 묘비에는 '고이 잠드소서' 또는 '영원한 안식' 등의 글이 새겨진다. 그러나 우리는 망자들이 산 자들과의 연을 그렇게 쉽게 끊지 않는다는 사실을 잘 알고 있다. 그야말로 **흡혈귀**같이 끈질기게 달라붙는 가혹한 폭력이 죽음 이후로도 계속 이어지는 것이다. 망자들에 대한 다양하고 범세계적이며 복잡한 의식들로 이루어진 제례는 그들에게 이러한 특별한 형태의 폭력이 존재한다는 사실을 입증하며, 바로 이런 이유로 인해 산 자들은 망자들을 달래고 그들의 저주를 은혜로 바꾸려 애쓴다. 뿐만 아니라 흔히 상상하기를 몇몇 선택받은 망자들, 이를테면 천국으로 떠나 천상의 엘리제 들판을 거니는 '선택받은 행운아들'은 산 자들을 괴롭히는 것보다 더 좋은 소일거리가 있겠으나, 반면에 지옥에 떨어진 다른 부류의 망자들은 악마의 문장(紋章)이 새겨진 통닭구이 집에서 연료로나 쓰이게 되리라는 것이다.

우리가 아무리 여러 가지 값나가는 대비책들을 강구한다고 해도, 또 이러한 만반의 준비가 결국엔 우리를 무겁게 짓누르는 결과를 초래한다고 할지라도, 그 무엇도 '그들이' 다시 돌아오는 것, 단지 '유령'이라는 그들의 이름을 듣는 것만으로도 공포와 비명이 극에 달하는 것을 막을 도리가 없다. 물론, 다정하면서도 우수에 젖은 듯한 은밀한 후원자의 모습을 띤 '착한 유령'이 존재할 수 있다는 점을 부정하지는 않으나, **다시 돌아온다는 것**이 언제나 악한으로 그려지고 있으며, 특히 폭력적인 모습으로 나타난다는 것은 놀라운 일이다. 알제리 시인, 카테브 야신이라면 유령들의 '표독함이 한층 더해진다'라고 말하리라. 다채롭고 언제나 흥미진진한 문학 작품, 또는 무궁무진하면서도 언제나 놀라운 예술적 또는 비(非)예술적——환상적이나, 공포심을 유발하며, 동시에 신비로운——영상물들은 거리낌없이 적나라하게 이러한 폭력의 회귀를 묘사한다. 좀비 · 흡혈귀 · 노스페라투 · 드라큘라 등 유일한 관심사란 음산한 저승 세계에서 퍼져 나와 나약한 인간들을 쫓아다니고 그들의 삶을 암흑의 세계로 빠트리는 데 있는 각종 산송장들의 이러한 '출현'이야말로 폭력이다. 아니, 이미 앞에서 사용한 표현을 빌리자면, 그것은 허깨비 같거나 환영일 뿐 그 어떤 진정한 '실체'도 없기 때문에 **순(純)폭력**이라고까지 할 수 있다.

흔히 하는 말로, 고인에 대해 "돌아가셨다"고 하는 것은 단순히 죽었다는 표현의 완곡어법 이상으로 산 자에게 매우 깊이 그리고 너무나도 폭력적으로 뿌리박혀 있는 욕망, 즉 '그'가 정말 떠나고 '그'가 완전히 떠나 '그'가 우리를 그의 존재와 그의 손아귀로부터 완전히 해방시켜 주기를 바라는 마귀 쫓기의 한 방법인 듯하다. 따라서 '그가 평화롭게 잠들기를' 바랄 때, 그 평화는 무엇보다도 우선 산 자들인 우리들에게도 보장되는 바로 그 평화이어야 하고, '그'가 **폭력**을 가지고 영원히 사라져 마침내 우리에게 **평화**가 남기를 바라는 표현인 듯하다. 유령의 '등장'은 인간 현실에 깊이 뿌리내리고 있는 폭력이 지울 수 없는 것임을 의미하며, 이러한 현실 앞에서 죽음 그 자체는 무력한 것으로 드러난다. 우리가 **'다시 돌아온다는 것'**에 대해서 말할 수 있다는 사실 자체 안에 이미 폭력이 존재한다. 왜냐하면 상상이건 아니건 상관없이, 이것은 반박할 수 없는 명백한 직관의 대상인 자연의 질서, 다시 말해서 죽음이 절체절명의 종착지점임을 의미하는 삼라만상의 법칙을 송두리째 위반하는 것이기 때문이다. 이 점을 재고한다는 것, 그것은 인류 전체에게 전형적 사건이란 것을 혼란에 빠뜨리는 것이며, 죽음에도 불구하고 인간이 자연을 길들였다는 확신의 토대를 산산이 부숴 버리는 것이다. '귀환'은 보란듯이 '고통을 주고' '악을 행하고'

'폭력을 가하려는' 목적을 지니고 있으며, 피를 빨아먹고, 인육을 먹고, 광적으로 악령에 홀리도록 만드는 등의 폭력이 벌어진다. 탐욕스럽게 닥치는 대로 먹어 삼키는 돌아온 망자들의 무시무시한 식욕은 〈노스페라투〉를 시작으로 〈사이코〉를 거쳐 〈살아난 시체들의 밤〉에 이르기까지 매우 독창적인 영화 장르를 발전시키며, 이 가운데 특히 〈사이코〉는 한 남자가 죽은 어머니에게 소름 끼칠 정도로 일체화되고, 완전히 사로잡혀 있음을 공포에 대한 외과 수술식의 정확성을 빌려 상세히 보여준다.[32]

사후의 폭력을 난폭하고 놀랍게 표현하는 판타지 장르의 영화들과 다른 창작물들은 그들에게 자양분이 된 심리학의 영역에서 벗어날 수 없다. 죽음이란 프로이트의 이론을 통해 분명히 밝혀진 바 있는 동일한 이름의 욕동(pulsion) 안에서만 작동하는 것이 아니다. 죽음은 정신 세계 내부에서 다양한 심급이자 형상들의 흔적・축적・소통이기도 하다. 죽음은 정신 세계 내부에 어두운 은신처――동굴・석굴・지하묘 등――를 파 내려가는데, 그 안에는 친근하거나, 알 수 없거나 또는 신비로운 형상들――상상・상징・초상 등――이 환상적 반향과 울림을 계속해서 퍼트리는 것이다. 영혼이란 그것이 무엇이든 자신의 어두운 면에서는 결국 죽은 것들이 쌓여 이루어 놓은 문장(紋

---

[32] 브람 스토커(Bram Stoker)의 원작을 영화화한 무르나우(F.W. Murnau) 감독의 〈노스페라투 Nosferatu〉(1922), 조지 로메로(George A. Romero)의 〈살아난 시체들의 밤 La nuit des morts-vivants〉(1968), 앨프레드 히치콕(Alfred Hitchcock)의 〈사이코 Psycho〉(1960) 외에도 브람 스토커의 소설을 영화화한 토드 브라우닝(Tod Browning) 감독의 〈드라큘라 Dracula〉(1930) 등이 있다.

章)에 불과하다.

우리가 죽음을 가차없이 억눌러 버리는 것이 사실이며, 또 그것이 끊임없이 우리에게 분노를 일으키는 것도 사실이지만, 죽음이란 결국 극히 평범한 일상다반사 중의 하나에 불과하며 모든 삶의 동반자이다. 왜냐하면 모든 인간이 단 한 사람의 예외도 없이 이르게 될 종착지이고, 그리스의 철학자가 말했듯이 "모두가 그곳을 거치기 때문이다." 죽음이 지닌 '공포화'의 힘이 그대로 유지되고, **사후** 폭력이 끊임없이 재가동시키는 공포놀이가 계속된다는 사실은 따라서 더욱더 의미심장하다고 볼 수 있을 것이다. 그래서 우리는 폭력에서처럼 죽음에 근거가 될, 이를테면 **공포의 원칙**이라는 표현 말고는 어떻게 달리 부를 수 없는 하나의 원칙을 제기하게 된다. 이 원칙의 주요 특징은 죽음이 절대 불변의, 돌이킬 수 없는, 따라서 무시무시한 하나의 명백한 사실로 나타나는 것, 즉 생명의 완전한 정지·부패, 종국엔 '먼지'로 분해되기에 이르는 주검의 전이 과정으로 대표되는 인간의 **물화**(物化)에 바탕을 둘 것이다. 그런데 성서의 이름을 문자 그대로 빌리자면 최초의 인간, **아담**(Adam)은 히브리어로 '흙'을 뜻하는 '**아다마**(adamah)'에서 유래했다. 만일 생명의 운동 자체가 무생물, 무기물에서부터 자신을 분리시키는 것——최초의 폭력!——이라면 무엇이든 그곳으로 되돌아갈 수 있으며, 그곳으로 되돌아가야만 한다는 것, 그래서 결국엔 스스로를 파괴하고 만물 가운데 하나로, 흙 가운데 흙으로, 먼지 중의 먼지로 되돌아간다는 것보다 더 끔찍한 생각은 없을 것이다. **공포의 원칙**은 인간이 몸담고 있는——아니 **발**

악하고 있는——이 세상, 인간을 압박하고 억압하는 사물들의 세계에서 **상처받은** 인간의 최후의 절대적 한계선을 분명히 표시하는 듯하다. 수많은 신화·전설·환상적 이야기를 통해 증명된 바 있듯이 석화(石化)는 사람을 사로잡아 그를 붙들어 매고, 마치 소금기둥처럼 혹은 마치 스핑크스처럼——사실, 우리의 상상의 세계에서는 고통에 울부짖는 오이디푸스보다 스핑크스가 차지하는 비중이 더 크다고 할 수 있을 것이다——시간 이전에 속하는 일종의 무기물의 세계 안에 그를 가둔다.

최초의 원칙, 선행성(先行性)의 원칙에 의해 제시된 바 그대로의 공포란 입에 담기조차 거북한, 언어로 표현할 수 없는, 심지어 생각조차 할 수 없는 질서에 속한다. 즉 공포란 정서적 충격, 존재의 완전한 점령 상태, 가장 극단적인 표현을 빌리자면 불투명한 어둠의 덩어리 그 자체인 것이다. 인간이 쉽게 방황하고 꿈꾸기에, 공포는 인간이 이 세상 **안에**——빠져——있다는 사실을 상기시키고 확고히 한다. 그런데 **매우 낮은 이 세상 안에** 인간이 처박히고, 파묻히고, 침몰한다는 것을 인식하면서, 이 '안'에 가능한 온갖 불안·무서움·공포를 담아야 한다. 이렇듯 공포로 인한 재앙의 흔적을 완전히 뒤흔들어 놓고, 생명의 숨결이 지나갈 수 있도록 틈새를 열어 놓기 위해서는 오로지 엄청난 지각변동만이 필요하다. 이것이 바로 우리가 **최초의 폭력**에서 인정해야 하는 역할이기도 한 바, 이것은 공포의 손아귀에서 간신히 몸을 빼고 나온 생명의 폭력이며, 창조와 파괴의 계속적인 교차를 넘어서, 그리고 선과 악을 넘어서 **폭력적 인간**을 만드는 강력한 힘으로서 작용할 것이다.

III
권력과 폭력

인간화를 목적으로 인간을 논의의 여지가 있는 최초의 공포에서 간신히 끄집어 낸 폭력이 역사를 따라 **탈인간화**라는 무시무시한 과정에 해당하는 인종 말살의 매우 구체적인 실행으로 치닫는다. 폭력은 자신이 지휘하는 세기말적 광란의 교향악에 탁월한 효과를 내는 특별한 악기를 하나 보유하고 있다. 그것은 **권력**이다. 물론 여기서 권력이라 함은 정치 권력이라는 통상적 의미로 쓰였으며, 지배와 통치를 조직하고 실행하는 여러 기관들——종교·경제·사회·문화, 또는 다른 어떤 분야의 권력 등——의 본보기로서의 정치 권력을 뜻한다. 무엇보다도 우선 폭력과 권력의 밀접한 관계가 우리의 주목을 끈다. 권력은 언제나 어떤 식으로든 폭력에 맞서거나 폭력을 사용하며, 그 대신에 폭력은 항상 어떤 형태로든 권력을 드러낸다. 더욱이 권력과 폭력 사이에는 놀라운 유대 관계가 존재하는 데, 서로 너무나 밀접한 관계를 맺고 있을 뿐 아니라 자신들의 구조와 불가분의 관계에 있기 때문에, 심지어 우리는 권력이 지닌 단 하나의 진정한 문제는 폭력이며, 엄밀한 의미에서 폭력의 유일한 목적은 다름 아닌 권력——그것이 어떤 형태이든지 상관없이

──에 있다는 생각을 하게 된다. 따라서 연관성을 맺는 노력과 동시에 연관 관계의 해체를 시도한다면 권력의 핵심에 폭력이, 폭력의 한가운데에 권력이 있다고 말할 수 있을 것이다.

그러나 이렇듯 지나치게 도식적인 설명은 설득력이 결여되어 보일 소지가 있기에 일련의 분석과 예증들이 뒷받침되어야 한다. 사실 이같은 관점은 폭력의 주제에 언제나 최고의 자리를 마련하는 정치철학의 거의 전 분야를 통해서 이미 확고해진 바 있다. 어떤 측면에서 보면 정치에 대한 성찰은 언제나 폭력에 관한 고찰의 성격을 띤다. 권력과 폭력 사이의 관계를 분석하는 과정에서, 플라톤·아우구스티누스·토마스 아퀴나스·라보에티·홉스·마키아벨리·생 쥐스트·헤겔·토크빌·마르크스·바쿠닌·아롱 등등 제법 저명한 이론가들을 서로 대조해보며 정치 사상에 대한 전체적인 개괄을 실행할 수도 있었을 것이다. 그러나 이와 같은 시도는 그 규모가 방대하기도 하려니와, 보다 더 전문적인 서적들에서 이미 여러 차례 다루어진 바 있기도 하다.[1] 따라서 본 연구에서 우리는 몇몇 핵심적 골자들을 드러내고 전형적이거나 독창적인 노선들을 몇 가지 지적하는 데 만족하고자 한다. 우리의 이러한 작업은 폭력이 어떻게 사용되는지에 따라 구분된 다음의 세 가지 주요 주제를 중심으로 진행될 것이다. 첫째는 **목적으로서의 폭력**으로, 전체주의가

---

1) 이 분야에서 최근 이루어진 종합적 연구 저서는 다음과 같다. F. Châtelet, O. Duhamel, E. Pisier, *Dictionnaire des œuvres politiques*, P.U.F., 1986; Pascal Ory, *Nouvelle histoire des idées politiques*, Hachette, 1987; Dominique Colas, *La Pensée politique*, Larousse, 1992.

구체적인 예가 될 것이며, 둘째는 **수단으로서의 폭력** 또는 여러 저자들에 의해서 전개된 바 그대로의 도구의 폭력이다. 마지막으로는 민주주의가 지닌 고유한 모험이자 동시에 민주주의의 특유의 접근 방식을 정의하는 **도전으로서의 폭력**이 될 것이다.

1. 목적으로서의 폭력: 전체주의

그 어떤 이데올로기도, 그 어떤 권력 체제도 폭력을 위해 폭력을 행사한다고 공공연히 표명하지 않는다. 언제나 그 무엇보다 우선하는 고상한 목적이 그에게 부여되는데, 이를테면 그것은 혁명, 자유 또는 독립이거나, 나치즘의 경우에는 '아리안족'이라는 초인의 승리이며, 스탈린주의에서는 공산주의자 '신인간'의 도래이다. 소설 《1984년》에서 조지 오웰은 분명한 의견을 제시함으로써 이렇듯 허황되고 폭력적인 망상을 산산이 부수고 그것의 결정적 동기를 만천하에 드러낸다. 당의 최고 권력자의 입을 빌려 오웰은 다음과 같이 말한다. "당은 권력을 위한 권력, 오직 권력을 위한 권력…… 절대 권력을 추구한다." 절대 권력은 순(純)폭력과 동일하게 취급되는데, 순(純)폭력 역시 절대 권력을 궁극적 목표로 내걸기 때문이다. "권력은 고통과 굴욕을 강요한다. 권력은 인간 정신을 산산이 부숴 버리는 것이다……." 권력의 폭력은 폭력의 위력을 낳고, 폭력의 위력은 "불안·배반·고통으로 가득 찬 세상, 폭군들과 피억압자들로 이루어진 세상을 만드는 것을 목표로 한다."[2]

'전체주의'라는 단어의 사용을 둘러싼 모호한 논의에 대해서——나치즘·파시즘·스탈린주의 또는 다른 여러 체제들을 전체주의라는 용어 아래 한데 모으는 것이 과연 타당할까?——조지 오웰이 우리에게 간결하고 명확한 대답을 제시한다. **전체주의**란 권력의 행사가 폭력을 주로, 아니 전적으로, 광범위하고 지속적이고 조직적으로 수행하는 데 있는 체제이다. 전체주의 체제는 폭력을 **위해서**, 폭력에 **의해서** 구조화되며, 다양한 형태를 빌려 도처에서 폭력을 행사한다. 따라서 전체주의는 방법·인력·기구뿐 아니라 체제의 다른 여러 구성 요소들과 유기적으로 연결된 독창적인 조직을 전제로 한다. 이에 관해 한나 아렌트는 《전체주의의 기원》 중, 특히 제3부 《전체주의의 체계》에서 명확히 밝힌 바 있다.[3]

전체주의 체제의 상층부에는 측근들뿐 아니라 대중들 심지어는 중도적 성향의 반대편 인사들까지도 사로잡는다는 점에서, 흔히 말해 카리스마 있는 인물, **지배자**가 자리잡고 있다. 라이히의 용어 설명을 빌리자면 '성격 장애적 정신 구조'에 의해서, 그리고 그러한 면모가 확연히 드러난다는 점에서 지배자는 폭력적이다.[4] 헤르만 로시닝은 자주 접할 기회가 있었던 히틀러에 대해서 "그는 아무것도 아닌 일로 불같이 화를 내고 광분하

---

2) Georges Orwell, *op. cit.*, pp. 371-377.
3) Hannah Arendt, 《전체주의의 체계 *Le système totalitaire*》, Seuil, 1972.
4) Cf. Wilhelm Reich, 《파시즘의 대중심리학 *La Psychologie de masse du fascisme*》(1933), Payot, 1972; 《성격 장애분석 *L'analyse caractérielle*》(1933), Payot, 1973.

고 증오로 폭발했다"⁵⁾고 회상한다. 사전적 정의에 따르면 '카리스마'란 수동적이며 '여성적'인 대중을 상대로 하며, 그들을 자극하고, 매료시켜 열광하도록 만드는 도취적 형태를 띤 폭력적 지배이다. 이는 차코틴이 '군중들에 대한 강간'⁶⁾이라 부른 전형적 관계에 해당한다. 지배자는 복종하고 '헌신'――독일의 철학자 하이데거는 **지도자 원리**(Führerprinzip)에 대해 열렬한 찬양을 표현한 바 있다――하도록 만드는 지배 원리의 전형적인 구현이다.⁷⁾ 폭력은 우두머리의 연설을 통해 분출되고, 히틀러의 《나의 투쟁》처럼 글로 표현되거나 혹은 엄청난 규모의 무대 연출을 통해 말로, 아니 오히려 연기로 꾸며지는데, 거기에서 지도자들은 사방으로 몸을 움직이고 소리를 질러대며 자신들을 수다스러운 폭력의 어릿광대로 만든다.

경쟁자들과 적수들을 제거한 후――히틀러는 이른바 '긴 칼의 밤(Nuit des longs couteaux)'이라 불리는 1934년 6월 29일에서 30일에 이르는 밤에 그의 친위대 대원들로 하여금 에른스트 룀이 이끄는 돌격대의 지휘관들과 대원들을 제거하도록 지시했으며,⁸⁾ 스탈린은 볼셰비키의 '늙은 근위대'와 그에게 그림자를 드리울 위험이 있는 모든 사람들을 체계적으로 제거했다――지배자는 공포를 조직하고 권력을 소유하는 독보적인 기관

---

5) Hermann Rauschning, 《히틀러의 고백 *Hitler m'a dit*》(1939) Somogy, 1976, p.102.
6) Serge Tchakhotine, 《정치 선전을 통한 군중 의식 강간 *Le viol des foules par la propagande politique*》(1952; interdit en 1939) Gallimard, 1992.
7) Victor Farias, 《하이데거와 나치즘 *Heidegger et le nazisme*》, Verdier, 1987.

의 절대적 주인으로 군림하는데, 그 기관은 바로 **당**이다. 유일 정당, 그것은 다용도의 투쟁 무기이다. 당원들에게 철의 규율을 강요함으로써 당은 맹목적인 복종——'언제나 당이 옳다'——과 희생, 심지어 죽음까지도 불사하는 철저한 헌신을 요구한다. 근본적으로 당을 구축하는 것은 폭력이며, 폭력은 또한 당의 임무·계획·방법·성향 그리고 폭행·암살·테러·협박·절도·파괴——그 어떤 악랄한 행동도 당에게 낯설지 않다——등 이를테면 당의 주요 관심사를 정한다. 이탈리아의 역사학자 살베미니는 새롭게 떠오르는 파시즘의 물결에 대해 '몽둥이의 통치'라고 말한 바 있다. 전체주의는 공포의 지배를 건설한다. 당과 당이 통제하는 수많은 조직들이 사회 전체를 그들의 지배하에 묶어 놓고 젊은이·여성·아동·노인·여러 분야의 전문가·예술가·학자들을 가담시킨다. 그래서 그들에게 암호와 행동 양식이 하달되고 감상·종교·감정이 강요된다. '사생활'이라는 개념 자체가 그 근거를 완전히 상실하고 심지어 죄악시되는 것이다.

전체주의의 폭정은 서로 극단적으로 대립하는 두 가지 측면에 의해서 특징지어진다. 폭력은 강박관념에 사로잡혀 무슨 대가를 치르더라도——흔히 타자의 죽음을 대가로——**통일성**을

---

8) 슈츠스타펠(SchutzStaffel), 즉 '나치무장친위대(SS)'는 '나치돌격대(SA)'의 한 지대로서 1923년에 창설되었다. '나치돌격대'가 히틀러와 나치당을 위한 사냥개 노릇을 더할 나위 없이 잘 해오고 있었지만 지도자 에른스트 룀(Ernst Röhm)이 히틀러와 대등한 동업자임을 자처해 왔으므로 이를 견제하려는 히틀러는 '나치무장친위대'를 육성, 이른바 '긴 칼의 밤'이라 불리는 학살의 밤, 돌격대에 대한 대대적인 숙청을 감행한다. (역주)

추구하려 든다. 즉 '단 하나의 덩어리'로 규정되는 전체주의의 단일성은 단 한 명의 지배자, 유일 정당, 하나된 국민, 단일 인종, 하나의 사상 등의 모습으로 나타난다. 전체주의적 단일성은 융화하고, 서로 돕고, 균열도 없고 차이도 없는, 당과 하나됨을 의미하며, 당의 수령은 당의 이상적 대표자를 상징한다. 마치 젊은 날의 히틀러에게서 찾으려 했듯이 거의 신적인, '그리스도적'이기까지 한 당의 완벽한 화신인 것이다. 거대한 운동 경기장에 운집한 대중들의 집회, 심야에 횃불을 들고 진행하는 행진 등 '사회주의 리얼리즘'의 이상적 미학은 **유일함**에 대한 과도한 열정을 구체적으로 보여주는 실례이다. 당은 자신의 전지전능한 통치 법칙을 집단, 다수, 그리고 현실에 강요하고, 인간 주체는 집단적 유토피아의 거대한 제복 안에서 자신을 상실한 채 단지 산술적 '일원'으로 축소된다.

관념과 상상의 단일 조직 체제하에서 귀청이 터질 듯 요란하고 격렬한 관현악과도 같이, 인간적인 차원은 말 그대로 혼돈의 지배를 받고 있는 것이다. 계속되는 두려움, 끝 모를 절망, 이제는 이골이 난 체념과 포기 상태, 밀고, 가혹한 경쟁으로 인해서 주체들간의 관계는 악화되고 실추된다. 그래서 주체는 그를 내부에서부터 갉아먹는 자기 자신을 향한 모멸감과 증오심으로 스스로에게 폭력을 행사한다. 프로이센의 작가 렉 말레취웬이 《증오와 수치》라는 제목의 책에서 매우 잘 증언하듯이 시간은 증오와 수치에 속한다.[9] 반면에 나데쟈 만델스탐은 자신의 책 《기억, 희망에 대항하여》에서 전체주의가 인간 존재를 얼마나 비참하고 비열한 처지로 몰아넣고 있는지 상세히 적고 있다.[10]

그 아무리 극악무도한 전체주의 체제라 할지라도 다소 마비된 국민들에게 체제를 견딜 만하도록 한다. 이는 어느 정도의 보상을 분배하기 때문인데, 전체주의 체제는 무엇보다도 우선 개인에 내재한 본래의 폭력에 관심을 기울여서 이를 선동하고 정당화한다. 전체주의 체제는 쉽게 유포되고, 도취감에 들뜨게 하며, 안도감을 불러일으키는 공동체 의식을 육성하며, 내부의 '적'들과 '이단자'들——유대인들, 유산자들, 굴락 등등——을 제외하고 제거함으로써 강력해지는 것이다. 그러나 무엇보다도 전체주의 체제는 공격·침략·영토 장악과 식민지화 등 일련의 야만적 행동으로 표출되는 철저히 호전적 정치를 주도함으로써 집단 폭력의 대부분을 외부로 향하게 한다. 수없이 자행된 끔찍한 사건들 가운데——본 연구의 서두에서도 잠시 언급한 바 있는——오라투르-쉬르-그란이나 카틴 등 널리 알려진 지명들이 미약하게나마 폭력의 심각성을 짐작케 한다.[11] 국가의 자존심과 영광의 원천인 정복적 제국주의는 전체주의 체

---

9) Cf. Friedrich Percyval Peck Malleczewen, 《증오와 수치 *La Haine et la honte*》, Seuil, 1969.

10) Cf. Nadeja Mandelstam, 《기억, 희망에 대항하여 *Contre tout espoir, Souvenir*》, 3 vol., Gallimard, 1972-1975.

11) 오트 비엔(Haute-vienne)의 한 작은 마을, 오라두르-쉬르-그란(Oradour-sur-Glane)에서 1944년 6월 10일 독일군인들이 마을의 주민들을 학살한다. 희생자는 6백42명에 달했으며, 그 중에서 4백50명의 부녀자와 아이들은 마을의 성당에서 산 채로 불태워졌다. 한편, 1943년 옛 소련의 한 마을, 카틴(Katyne)에서 약 1만 5천 명의 폴란드 장교들이 숙청되었다. 러시아는 학살의 책임을 독일에 전가하려 했으나, 증인들과 자료들이 수집되어 결국 러시아는 스탈린의 지시에 따라 폴란드 장교들을 총살했음을 시인했다.

제에서 노예화된 채 바보로 전락해 버린 대중들을 결속시키는 데 결정적으로 작용한다. 그러나 전체주의 체제는 어떤 휴식도 용납하지 않는 듯하다. 왜냐하면 전체주의 체제는 폭력적 열광 상태에 사로잡힌 채——최근의 역사적 사건이 입증하듯이—— 혼돈과 종말로 치달을 수밖에 없는 지나친 고속 주행으로 언제나 앞으로 나아가야 하고, 학살과 말살을 확산시키며, 공포를 고조시켜야 하기 때문이다. 흠잡을 데 없이 '합리적'이고 조직적이며 '새천년'이라든지 '영원히'에 열중하는 전체주의 체제에서 폭력은 무질서한 폭력적 대혼란 속으로 무너져 내리거나 내부에서 폭발하고 만다.

2. 수단으로서의 폭력

끝 모를 대학살, 전체주의가 통제 불가능하고, 조금의 예외도 없이, 지칠 줄 모르는 폭력의 표출로서 나타나는 곳에서 정치철학은 폭력의 현상을 살피고 명확히 해서 그것의 구조·기원·결과들을 분석할 '철학적' 의무를 스스로에게 부여한다. 이뿐 아니라 정치철학은 정의·자유·독립·인간의 권리 등과 같은 가치 체계에 부합하는 사회적 안정을 목표로 삼아, 이에 대해서 심사숙고하거나, 그렇지 않다면 폭력의 이성적 행사의 조건들은 무엇인지를 정의하는 '정치적' 의무를 부여한다. 이 두 가지 의무는 전체주의 체제로의 전환을 명시하는 경계선 바로 아래에 사회를 묶어둔다는 공통의 특징을 지닐 것이다. 따라서 여러 개념들이 때로는 전체주의의 이론적 배경의 역할을 할 정도로 위험하게 전체주의에 접근하는 것이 사실이기는 하나, 엄밀한 의미에서 전체주의 정치철학이란 우리가 판단하건대 존재하지 않는다. 여러 저자들 가운데 우리가 선정한 몇몇이 폭력과의 대결이 펼쳐지는 혼탁하고 황량한 길 위에 기이한 빛으로 모습을 드러낸다.

파졸리니[12]가 사드의 《소돔의 120일》을 영화화하기로 했을 때, 그는 망해 가는 파시스트 공화국, 살로를 배경으로 삼는다. 이 영화로 파졸리니는 사드-전체주의의 관계를 명확히 했으며 몇몇 비평으로부터 인정받기도 했으나, 인간의 신체 기관을 아름답고 역동적으로 변형시켜 화폭에 담은 독일의 위대한 반-나치 예술가 한스 벨메르로부터는[13] 강력한 비난을 받았다.[14] 사드는 《사랑의 범죄》를 써서 실제로 범죄를 '자연의 법칙들'

---

12) 피에르 파올로 파졸리니(Pier Paolo Pasolini; 1922-1975): 이탈리아 영화감독.〔역주〕

13) 한스 벨메르(Hans Bellmer; 1902-1975): 1902년 폴란드 슐레지엔 지방의 카드비체에서 출생. 베를린에서 다다이즘 운동에 가담하여 그래픽 아티스트로서 일했다. 나치가 정권을 장악하자 프랑스로 망명하여 파리에 정착했다. 1923년부터 관절이 움직이는 여자 마네킹을 만들어 여러 모습으로 촬영하는 일을 시작하여 초현실주의자들로부터 주목을 받았다. 1938년 파리에 정착한 이 후부터는 여자 마네킹의 손과 발을 이리저리 분해한 다음, 다시 조합해서 기괴하면서도 매혹적인 '인형'을 발표했는데, 섬뜩함의 미학을 극단으로 추구한 작품으로 알려져 있다.〔역주〕

14) Cf. Hans Bellmer, 《이미지의 해부학 L'Anatomie de l'image》, Le terrain vague, 1957. 《한스 벨메르 작품집 Les dessins de Hans Bellmer》, Denoël, 1960. Pier Paolo Pasolini, 〈살로 또는 소돔의 120일 Salo, ou les 120 journées de Sodome〉, 1975(이 영화는 당시 여러 곳에서 상영금지 처분을 받았다).

의 축으로 삼는다.[15] 사드는 "자연이 원하는 것, 그것은 범죄"[16]라고 말하며, 다음과 같이 수위를 한층 더 높인다. "관능적 쾌락과는 달리 범죄는 그 자체만으로도 너무나 강렬한 유혹이기 때문에 온갖 종류의 열정을 불태우고 음탕한 행동들 그 자체와도 같은 무아지경의 흥분 상태에 빠지도록 할 수 있다."[17] '음탕함'이 사드 작품의 주요 소재임에는 변함이 없다. 그는 분뇨담, 비역 등 정신분석학이 당연히 '가학성 변태성욕'으로 규정짓는 분야에 속하는 수많은 사례들을 나열하면서 성과 폭력 사이의 공생 관계를 밝히고 있다. 그러나 사드는 성-폭력이라는 하나의 쌍이 최고치에 이르자, 거의 '실험적'이라 할 수 있는 이러한 성적 포화 상태를 뒤로 하고, 폭력적 이성주의라는 기호 아래 자유로이 정치 영역에 몰두한다. "신보다 훨씬 가치 있는 많은 사람들이 그의 이름으로 희생되었으나, 이제는 바로 그 신을 멸하기 위해서 철저히 중무장할 것"[18]을 그는 철학에 요구하는 것이다. 《규방의 철학》은 〈프랑스인들이여, 그대들이 공화주의자가 되기를 원한다면 보다 더 분발하기를〉이라는 제목의 소

---

15) Marquis de Sade, 《사랑의 범죄 Les Crimes de l'amour》, 3 vol., J.-J. Pauvert, 1955.

16) Citation extraite de Sade, osons le dire, choix et présentation de J.-J. Pauvert, Les Belles Lettres, 1992, p.63.

17) Ibid., p.56.

18) Ibid., p.58. 사드의 하나님은 윌리엄 브레이크의 노보대디(Nobodaddy)와 흡사하다. 이 버릇없는 하나님을 시인이자 판화가인 윌리엄 브레이크는 〈라 파이에트〉에서 다음과 같이 소개한다. "하늘에 계신 죽음의 할아버지시여"/허공에 대고 로타는 목에 가래를 긁은 후 기침한다/그리고 말하길 "난 교수형이 좋아. 능지처참도 좋지/전쟁도 좋고 학살도 좋고 난 다 좋아." Cité in Jean Rousselot, William Blake, Seghers, 1964, p.107.

책자를 포함한다. 여기서 사드는 인간 주체의 자율성을 열렬히 주장한다. "소유란 가구나 혹은 애완동물 따위만 해당될 수 있을 뿐, 우리와 동류인 인간들에게는 결코 적용될 수 없다. 따라서 한 여자를 한 남자에게 얽어맬 수 있는 모든 관계, 여러분들이 가정할 수 있는 모든 관계는 정당하지 않을 뿐 아니라 허황된 것이다."[19] 그가 '공화주의자의 자부심'을 위해 '약간의 가혹함'을 요구할 때, 엄청난 폭력이 일종의 코르네유식의 덕으로 변형된 채 계속 이어진다. 그러나 관용을 베풀고 "온건한 법을 만들며, 더 나아가 무엇보다도 사형제도의 잔인성을 영원히 없애 버려야 한다는 원칙"을 토대로 시민 사회를 건설하자는 그의 호소만은 계속된다.[20]

바스티유에 구속됐던 주변인──"문학사 전체를 통틀어 단연코 가장 오랫동안 유폐되었던"[21]──사드와 지금으로부터 1세기 전에 정치 사상의 가장 확고한 기반을 부여한 홉스를 비교한다는 것은 이례적인 동시에 유익하다. 사드와 마찬가지로 홉스에게서도 '자연 상태'란 폭력적인 것이다. 인간은 인간에게 늑대이다. '본래의 자유'란 만인(萬人)의 만인에 대한 투쟁이다. 생명이라는 최상의 자산을 보존하기 위해 인간이 자신의 이웃과 사이좋게 지내도록 강요하는 이성을 지닌 **폭력적**──

---

19) Marquis de Sade, 《규방의 철학 La Philosophie dans le boudoir》 (1795), P.O.L., 1993, p.167.
20) Ibid., p.157.
21) Ibid., préface de Jacques Géraud, 〈사드의 수난 La Passion selon Sade〉, p.IV.

그렇지만 어쨌든 **지혜로운**──**인간**의 지배. 다른 모든 사람들의 취하로 전체 통치권을 부여받은 **일인자**, 절대 권력을 지닌 실체, 일종의 거대한 괴물과도 같은──'자연'의 질서에 대항하도록 훈련되었기에──건축물, 즉 홉스가 1651년 자신의 대표적 저서에 부여한 《리바이어턴》[22]이라는 이름에 걸맞는 국가보다 무엇이 과연 사회 건설의 계약을 보다 잘 보장할 수 있을 것인가? 그런데 홉스는 그로부터 10년 후에 성서에서 유래한 또 다른 괴물, 《베헤못》을 써서 《리바이어턴》의 짝으로 만들었으며, 《베헤못》은 3세기가 흐른 뒤에 프란츠 뉴만의 국가 사회주의에 관한 연구서의 제목으로 다시 사용된다.[23]

성서의 욥기에 등장하는 대혼란의 폭력을 휘두르는 폭력적 괴물, 리바이어턴과 베헤못, 그리고 라합은──여호와가 충직하고 가여운 그의 종에게 가하는 가증스러운 폭력을 고발하기 위함일까?──그들이 최초의, '본래의' 폭력을 능가한다는 점에서, 그리고 그들이 폭력을 '전복'해서 인간에게 **저항**하도록 하고, 인간성을 창조하도록 한다는 점에서만 국가를 상징한다. 홉스의 리바이어턴-국가는 전체주의적 임무를 갖기는커녕, 모든 인간 주체가 가장 우선시하는 두 가지 목표를 가능케 한다. 그 첫째는 자신의 생명을 보존한다는 것이며 둘째는 이성적 개체로서의 자기 자신을 보호한다는 것이다. 실의에 빠진 욥-인간을 위한 리바이어턴-국가를 상상해야 한다.

---

22) Cf. Thomas Hobbes, 《리바이어턴 Le Léviathan》(1651), Sirey, 1971.
23) Cf. Franz Neumann, 《베헤못, 사회주의 국가의 구조와 실제 Béhémoth, structure et pratique du national socialisme》(1942), Payot, 1987.

제법 광범위하고 복합적인 마키아벨리의 사상에서 무엇인가 유사한 점이 어렴풋이 드러난다. 인간들은 사악하며, 그들은 권력에 대한 억제할 수 없는 욕망, 채워지지 않는 **리비도 도미낭디**(libido dominandi)에 사로잡혀 행동한다. 이러한 '본성'을 조절하고, 민중을 덕성보다는 두려움과 힘으로 다루는 것은 군주[24]에게 달려 있다. 어쨌든 권력은 유지되어야 하고, 대립적이고 심지어 호전적인 관계들로 이어지는 인생도 함께 지속되어야 한다. 따라서 정치를 관통하는 폭력은 감시받거나, 또는 철저히 통제되어야 한다. 마키아벨리가 '**비르투**(virtù)'라 부른 것, 즉 군주에게는 통치의 기술, 백성에게는 저항의 기술, 그리고 모두에게는 생활의 지혜——이 표현의 완전한 의미에서——를 옹호하는 '**비스**(vis)' 또는 제1의 '**덕**(vertu)'은 다름 아니라 바로 이러한 저항의 능력, '집권'으로 변형된 '권력'인 것이다.

프로이트의 정치신화학은 《토템과 터부》[25]에서 최초의 이중 폭력을 다루고 있다. 그 하나는 매우 강력한 단 한 명의 수컷이 모든 여자들을 소유한 뒤, 경쟁자가 되어 버린 아들들을 모두 쫓아내거나 거세하거나 또는 죽임으로써 원시 유목 부족의 모든 구성원들에 행하는 대규모의 원시적 폭력이다. 또 다른 하나는 연대를 맺은 형제들의 협정에 의한 공동의 제한적 폭력인데, 이들은 전체주의적 유일자의 원시 형태인 폭군을 쫓아낸 뒤, 죽은 조상에 대한 숭배, 토테미즘과 부족 내부의 여자들에

---

24) Cf. Machiavel, 《군주론 *Le Prince*》(1513, 1532), Le Livre de Poche, 1962.
25) Cf. S. Freud, 《토템과 터부 *Totem et tabou*》(1912), Gallimard, 1933.

대한──원래는 바로 이 여자들을 소유하기 위해서 범죄가 벌어졌었다──금기, 족외혼을 내용으로 하는 두 개의 중요한 원시제도를 내세워 인간적인 사회를 건설하는 것이다. 정신 구조의 조직을 구성하는 내부화의 작용이 작동해서 범죄적 폭력을 죄의식과 불안으로 바꾸는데, 여기서 불안은 위반·죄악·후회·회복의 욕망과 연결되어 있다. 그러나 이 작용은 역전될 여지를 남긴다. 극에 달한 감정은 원시적 폭력이 다시 발생하는 데 유리하게 작용하는 것이다. 프로이트가 말한 바 있듯이, '한 무리의 동물'이 **호모 사피엔스**의 가면 아래를 관통한다. 공포감을 불러일으키는 폭군적인 유일자 주변으로 환각에 사로잡힌 대중들이 모여드는 것이다.

계급 투쟁의 이론가이자 '역사의 산파'[26]인 폭력의 예언자 카를 마르크스의 영향과 '도처에 힘'[27]이 넘치는 이 세상에서 '가치의 전복'을 이끄는 니체의 영향이 서로 만나는 곳에서, 1908년 조르주 소렐은 당시 독창적이고 강력한 힘을 지닌 혁명적 조합주의의 영향을 받아 자신의 《폭력론》을 전개한다.[28] 소렐의 탁월한 표현에 따르면 철학이란 '차이의 인정'이다. 폭력의 문제를 프롤레타리아 계급의 임무와 연결지어 다룸으로써 그가 다다른 논리적 귀결이 바로 이것이었다. 소렐의 핵심 개념인

---

26) Cf. Karl Marx, 《공산당 선언 *Le Manifeste communiste*》(1848), Messidor, 1982.

27) Cf. Friedrich Nietzsche, 《권력에의 의지 *La Volonté de puissance*》(1901), Le Livre de Poche, 1991.

28) Cf. Georges Sorel, 《폭력론 *Réflexions sur la violence*》(1908), Seuil, 1990.

'프롤레타리아의 폭력'은 부르주아지에 대항하는 것인데, 이는 부르주아지를 파괴하기 위한 것이 아니라, 마치 투쟁의 강력한 힘이 역사적 해결보다 더 중요하기라도 하듯이 부르주아 계급이 그들 본래의 가치로 되돌아가도록 하는 것이다. 부당한 공격을 거부하는 한편 모든 실천 행위를 즉시 행동화하는 것을 유보함으로써 프롤레타리아의 폭력은 상상의 위력을 보유한 채 신화의 차원으로 격상하고 '총 파업'에서 그들의 실질적 표현을 찾는다. '프롤레타리아' 폭력은 자신들의 분노를 억제하는 방식으로 변형되어, 페르낭드 펠루티에가 다음과 같이 간결하게 표현한 자유주의적 미래로의 길을 열 수 있는 방식으로 사회의 다양한 영역에서 전개되는 것이다. "우리는 (…) 모든 종류의 정신적 또는 물질적·개인적 또는 집단적, 이를테면 법과 독재――프롤레타리아의 독재도 포함해서――와는 결코 타협할 수 없는 적이다. 그리고 자신의 문화에 대한 열렬한 애호가들이다."[29]

사르트르가 프란츠 파농의 《자기 땅에서 유배당한 사람들》[30]의 서문을 쓰면서 '소렐의 파시스트적 장광설'을 거론했을 때, 그는 무솔리니가 소렐로부터 영감을 받았다는 근거 없는 소문

---

29) Cité in J. Julliard, 《페르낭드 펠루티에와 직접행동주의적 노동조합의 유래 Fernand Pelloutier et les origins du syndicalisme d'action directe》, Seuil, 1971, p.418. 참고로 펠루티에와 소렐에 관한 글은 다음과 같다. Roger Dadoun, 〈신(新)무정부주의를 위한 무궁무진한 사건들의 도가니 Réserve intense d'évène-ments pour une nouvelle anarchie〉, L'Arc, Anarchies, n° 91-92, 1984.

30) Cf. Frantz Fanon, 《자기 땅에서 유배당한 사람들 Les Damnés de la terre》, Maspero, 1961.

을 되풀이한다. 그러나 파농을 '엥겔스 이후 역사의 산파를 재조명한 최초의 인물'[31]로 만듦으로써, 사르트르는 자기 마음대로 '압제에 신음하는 사람들'과 자신을 동일시하여 엄청난 분노를 표출한다. 파농에 따르면 '독립'이라 불린 전쟁들의——베트남, 알제리 전쟁에 파농은 직접 참여했다——반식민지 폭력은 영혼·인간·문화를 파괴하는 제국주의 억압에 대항하는 생존과 직결된 필요불가결한 대응이다. 이 점에 대해서 사르트르는 그의 거대한 집게를 작동시키고 언어의 폭력으로 차고도 넘치는 글을 발표한다. "죽여야 한다. 유럽 사람 하나를 제거하는 것, 그것은 일석이조이다." "갖은 수단을 다 동원해서 제국주의를 소탕해야 한다." "우리들 모두 안에 들어 있는 식민지 개척자를 유혈 작전으로 뿌리째 뽑아야 한다."[32] 폭력에 도취된 지식인의 열의에 찬 복종보다는 한나 아렌트의 끈기 있고, 신중하며 단호한 연구가 더 선호될 것이다. 그녀는 폭력의 지대(地大)를 세심히 탐구했는데, 이는 '우리들 모두 안에 들어 있는' **폭력적 인간**, '대중 가운데 한 사람'[33]이 '유혹에 빠지지' 않도록 유도하고, 더 나아가 필요하다면 놀라운 '악의 평이함'——폭력의 평범한 추이——을 우리에게 입증하기 위함이다.

---

31) Jean-Paul Sartre, 《상황 V *Situations V*》, Gallimard, 1964, p.175.
32) *Ibid.*, p.183, p.182(souligné par Sartre), p.186.
33) Hannah Arendt, 《사건을 고찰한다는 것 *Penser l'événement*》, Belin, 1989, p.32.

3. 도전으로서의 폭력: 민주주의

폭력의 관점으로 보면 민주주의는 엄청난 도전에——사방으로——둘러싸인 체제이다. 무엇보다도 우선 외부의 도전, 즉 실재로 소멸해 버릴 수도 있다는 가능성이 그것이다. 전체주의 국가들은 민주주의 국가들을 파괴하려는 뿌리 깊은 야심 말고는 다른 어떤 것도 가지고 있지 않다. 그리고 그들은 번번이 이 목적을 달성했다. 히틀러는 체코슬로바키아에서 프랑스에 이르는 대부분의 유럽의 민주주의 국가들을 하나씩 붕괴시킨 바 있다. 프랑스는 당시 페탱의 지휘 아래 반민주주의 '프랑스 정부'가 된다. 스탈린은 옛 소련의 적위대와 각국 공산당의 개입에 힘입어 중부 유럽의 대부분의 국가들을 점령한 다음, 민주주의의 흔적들을 모두 뿌리째 뽑아냈으며, 의미를 반대로 생각해야 함이 마땅할 '인민 민주주의'라는 이름을 내걸어 '소비에트 냉전 구도'를 구축한 바 있다. 오늘날에도 독재자들이나 '권력자들'은 일종의 광적 강박관념에 빠져 서구 민주주의를 향해 결투에 결투를 거듭하는 것으로 대부분의 시간을 보내고 있다. 이슬람 종교 독재 체제인 테헤란으로부터 《악마의 시》[34]를 쓴 영국 작가 살만 루시디에게 떨어진 **파타**(fatwa), 즉 '사형선고'는 거대한 포상금을 내걸어 국제적 규모로 처형을 선동함으로써 민주주의 국가들을 경악케 한 바 있다. 캄보디아 반도의 동족

---

34) Salman Rushdie, 《악마의 시 Les Versets sataniques》, Bourgois, 1989.

학살 주범, 크메르 루주는 전례를 찾아볼 수 없을 정도로 국제기구들을 우습게 여긴다. 군비 확장, 주변국 위협, 납치, 쿠웨이트 침공 등 도전의 수위를 넘었기에 이라크 독재는 1991년 1월 민주주의가 주도하는 국제 공동체로부터 공격을 받는다. 정의와 무력이 협력하여 공동 행위를 하는 것처럼 보였던 역사적 사건에서 '프랑스의 자부심'은 당시 '약간의 가혹함'을 보여주었다. 자, 이제 민주주의에 대한 가장 심각한 도전이 분명해진다. 어떻게 하면 민주주의 국가가 자신의 원칙을 부정하지도 않고, 자신의 품위를 훼손하는 보복성 폭력을 구사하지 않으면서도 용서할 수 없는 지점에 이른 전체주의의 폭력에 맞설 수 있을 것인가?

이와 아울러 내부의 도전들에도 맞서야 한다. 유용한 기능, '능력의 권위'는 페기의 표현을 빌리자면, '명령의 권위'로, 지배로——제도적 폭력으로——변질되기 때문에 어떤 기관, 하나의 조직, 그 어떤 민주 체제의 구성 요소도 타인들을 희생시켜 스스로를 규정하고 발전시키지 않는 것은 없다. 권력자와 가진 자에게 관대하나 약자와 가난한 자들에게 가차없기에 우리가 흔히 '이중 속도'라 말하고, 어쩌면 기구의 구조 자체로——기호화된 문헌, 기념비적 기구, 상투성, 타성——인해 이미 폭력적인 **사법기구**의 폭력. 법과 규칙에 대항하는 무수한 일상의 도전들과 직접 맞부딪히며, 마치 폭력에 폭력으로 응수할 것을 명령받은 듯한 **경찰기구**의 폭력. 환자를 권위적 시술과 처방에 복종하는 하나의 물체 또는 '사례'로 취급하는 병원과 **의료기구**의 폭력. 경쟁·선발·차별·제적을——자기 비하, 알코올이나 약물복용, 나아가 범죄와 자살로 치닫게 할 위험을 내포하는 **실패**라는 비극적 폭력과 아울러——원칙으로 삼는 **교육기관**의 폭력. 그리고 여러 교육기관들 가운데, 심지어 보호와 구호의 조직들에 이르기까지 주체에게 '종속'이라는 은밀히 감추어진 폭력을 참아내도록 하지 않는 기관은 없다.

민주주의는 자신의 구조 자체 안에 내재한 폭력을 극복해야 할 의무가 있을 뿐 아니라 외부의 폭력을 경계해야 한다. **관용**. 용납할 수 없는 일들에까지 관용을 베풀어야 할까? **자유**. 자유에 한계를 정하고, '자유의 적들에게' 폭력을 행사해야 하지는 않을까? **다양성**. 그 목적이 단지 폭력·증오·폭행인 것으로 밝혀진 교육기관들, 그리고 구성원들을 폭력적 과대광고의 지배하에 두는 집단들이나 단체들을 과연 '눈감아 주어야' 하는가? **연대**. 국가와 마찬가지로 개인들의 차원에서 '역효과'를 감수하며, 누구의 이익을 위해서, 또는 누구를 희생시켜 가며 연대의 원칙을 적용할 것인가? 마지막으로, **개방과 평화**. 자국의 질서를 굳건히 하기 위해서 때로는 문을 걸어 잠그거나, 또는 자국의 원칙에 따라서 무력에 힘을 빌리는 것을 과연 피할 수 있을까?

위험과 폭력 사이에 모순적 관계가 형성된다. 대학살을 뽐내는 듯하지만, 전체주의 체제는 위험에 대해 병적인 공포증을 지니고 있는 것이다. 가능한 모든 폭력이 동원되는 이유는 바로 이 위험을 최소화하기 위함이다. 구체적 지속 기간은 하나의 위험이다. 따라서 전체주의 체제는 '영원히' 존재한다고 공언한다. 세상은 다양한 모습들을 띠며——전체주의는 일률적이면서도 명료하지 않은 세상을 원한다. 따라서 개인·차이·자주성·이타성을 위험한 것으로 본다——전체주의 체제는 이것들을 제거한다. 반면에 문제 제기와 도전의 연속은 민주주의로서는 민주주의를 민주주의답게 건설하는 모험임과 동시에 폭력의 최저 수위를 정해 놓고 민주주의가 감수해야 하는 모험이기도 하다. 민주주의는 엄청난 위험을 감수하며, 파편적이고, 필연적이고, 용서받고, 서로서로에게 피해를 입힐 위험이 있는——민주주의 도박——수많은 폭력들에 대해 단호히 대응한다. '멋있는 모험'이 아닌가. 물론 아슬아슬하고 언제나 위협받는 균형, 즉 다름 아닌 폭력의 칼날을 딛고 선 균형일 뿐이라는 것을 분명히 의식해야 한다는 전제하에서지만, 생각컨대 현재로서는 민주주의만이 한번 시도해 볼 만한 유일한 모험이다.

결론: '파괴하다?'

 범죄 · 대학살 · 인종 말살, 그리고 계속되는 불안과 공포. 그 어떤 극심한 폭력도 인간에게 생소한 것은 없다. 우리의 영혼에 끝없는 절망감만을 안겨 주는 끔찍한 결과들. 역사에 대한 헤겔의 강의로도, **정신**을 보다 높은 곳으로 끌어올리기 위해 '변증법적으로' 작용하는 그의 '부정'——그의 폭력——으로도, 또한 우리가 흔히 상황, 필연성 또는 "세상일이란 그렇고 그런 것이다"라는 말로 대신하는 섭리라는 것으로도, 인류의 '고통으로 신음하는 육체'를 집어 삼키는 초자연적인 힘과도 같은 혼돈을 납득시키지 못한다. 여기서 우리는 인간을 원래 본질적으로 폭력적 존재, **호모 비오랑스**로 설정하는 하나의 구조적 사실을 보아야 할 것이다. 물론 이성의 도약과 **호모 사피엔스 사피엔스**의 섬세하고도 확실한 일탈 운동 또는 발전 곡선이 개입한다면, 좁은 길이 하나——너무나 불안정하지만——생겨나고, 인류는 마치 깊은 낭떠러지가 바로 옆에 나 있기라도 하듯이 더듬거리며 그 길을 따라 앞으로 나아가리라. 그러나 이는 거의 기적에 해당한다고 볼 수 있는 바, 폭력의 악순환이 계속 이어지고, 피는 피를 부르고, 탐욕스러운 폭력이 마르지 않는 샘과도 같이 깊숙이 흐르는 폭력들을 게걸스럽게 먹어대며 날로 자라나기 때문이다.

바로 이 악순환의 고리를 끊고, 폭력의 전능한 지배에서 벗어나는 것, 이것이 바로 도덕·철학·정치 그리고 의학적 치료, 심지어는 온갖 종류의 귀신 쫓기 의식이 수세기에 걸쳐 노력해 온 것이다. 그러나 그 결과는 우리가 알고 있듯이 지극히 가소롭고 하찮은 것들이다. 예를 들어 전체주의 체제의 원동력이라 할 수 있는 '가공할 거짓'으로 가득한 나라에서 "나는 이러한 거짓에 가담하지 않으리라!"고 선언했던 솔제니친과 거리를 두면서도 동시에 그로부터 영감을 얻을 수 있을까? 우리는 오히려 간디식의 비폭력주의 관점을 지지한다. 그의 **아힘사** (**비폭력**; ashimsa)란 대영제국의 폭력에 맞서되, 그들의 폭력과 유사한 적대적 폭력으로 그들에게 대응하는 것을 단호히 거부한다는 의미를 갖는다. 영국 상품 불매 운동과 같은 몇 가지 구체적인 경제 투쟁 외에도, 각자 자신의 내부에 존재하는 폭력을 변형시키고 재-변형시킬 것을 적극 권장하는 것이다. 간디가 "비굴함과 폭력 사이의 선택만이 남아 있는 곳에서라면"이라고 분명히 강조하면서 자신은 "폭력을 권할 것이다"[1]라고 밝힌 바 있듯이, **아힘사**란 수동적 태도도 아니며 자포자기는 더욱더 아니다. 오히려 "극도의 정신적 투쟁" "칼날 위의 균형," 인간 자체를 변화로 이끌 수 있는 폭력 자체에 대한 폭력의 가혹한 담금질을 의미한다. 간디의 전기 작가, 로맹 롤랑은 자신이 제1차 세계대전 동안 강력한 다수에 대항해 수행한 바 있는

---

1) Cf., 상기 예문과 이하 세 예문의 출저, Roger Dadoun, 〈테러와 비폭력 Terreur et non-violence〉, in *Les Temps modernes*, n° 527, juin 1990, pp.71-81.

영웅주의의 한 형태, "단호한 거부"를 **아힘사**에서 보았다. 당시 '전란의 바로 위에서'[2]라는 그의 입장은 결국 '폭력의 바람에 휩쓸린 (…) 이 세상에서' 나는 이러한 폭력에 가담하지 않으리라고 부르짖는 것에 다름 아니다.

  그렇지만 폭력은 우리가 뭐라 하든지, 무엇을 하든지 개의치 않고 나를, 너를, 그를, 우리를, 우리 모두를, 사방에서 공격한다. 따라서 우리는 우선 일종의 교전 중단을 실시하고, 폭력을 다른 시각으로 바라보아야 한다. 즉 우리가 지금까지 살펴본 **힘의 영역**에서 마지막 시험으로 제시된 **형식의 영역**으로 이동하여 예술의 관점, 형식의 관점으로 폭력을 바라보아야 하는 것이다. 인간 현실의 생산적 활동이기도 한 모든 예술이 그만의 고유함 안에서 폭력이라는 잣대로 측정될 수 있기에 몇몇 중요한, 이를테면 형식-힘의 선들을 개괄적으로나마 살펴보고자 한다. 우리가 인류의 과거를 거슬러 올라가면 갈수록 형식에 대한 작업은 폭력을 '다룬다'는 것을 임무로 삼고 있었던 듯하다. 사냥 장면·동물화·손자국 등은 우리가 쉽게 상상하듯이 분명히 신의 노여움을 풀거나 마귀를 몰아내기 위한 주술적 기능을 가지고 있었다. 그러나 여기에서 우리는 또한 인간 주체가 자신의 내부에서 발견하는 폭력의 '고착,' 다시 말해서 '붙잡다'는 것이 문제의 핵심인 위협적이며 살인적인 힘을 볼 수도 있을 것이다. 선사 시대의 예술은 폭력에 대한 최초의 '통제' 시도에 해당

---

  2) Cf. Romain Rolland, 〈전란의 바로 위에서 Au-dessus de la mêlée〉, in *L'esprit libre*(1914-1919), Albin Michel, 1953.

할 것이다.

물론, 폭력을 부정하는 것이 더 쉽고, 더 높은 보수를 받을 것임에는 분명하다. 따라서 대부분의——반드시 그런 것은 아니지만 흔히 가장 관학적이고 관습적인——예술 활동은 폭력의 '**위장**'과 은폐에 있다. 예를 들어 색채 · 인물 · 주제 · 구조가 활기찬 목가적 장면을 이루어, 마치 푸생이 **아르카디아의 목자들**, 또는 **아르카디아에도 나는 있노라**[3]라고 불리기도 하는 작품 안에 담아낸 몽상-사색에 의한 수많은 변주곡들——장소 · 시간 · 대상을 따라 그리긴 하지만 죽음은 어디에도 없는——중의 하나처럼 보이도록 한다. "당신들 모두는 아르카디아에 있다." 폭력이 극한으로 치닫는 전체주의 국가들이 예술을 통해서 국민들을 거대한 연극 무대 안으로 끌어들이고, 그들에게 전달하고자 애쓰는 메시지가 바로 이것이다. 스탈린식의 사회주의적 사실주의가 리센코에서의 영농 사업의 기적과 승승장구하는 산업의 위업을 전하는 온갖 종류의 허구의 세계들을 펼쳐 놓은 반면에 레제의 작품에서 나온 스타카노비스트의 노동자들과 마이올의 작품에서 나온 듯한 콜코지엔 농부들의 얼굴은 환하게 빛나고 신념에 가득 차 행복으로 넘친다. 운동장을 가득 메운 수천의 사람들은 그들의 몸짓과 손짓으로 카드 섹션을

---

3) 프랑스 고전주의 화가 니콜라 푸생(Nicolas Poussin; 1595-1665)의 작품. 유화. 파리 루브르 박물관 소장. 묘비 주위를 세 명의 젊은 청년들과 아름다운 한 여인이 둘러싸고 있는 그림. 묘비에는 라틴어로 "아르카디아에도 나는 있다(Et in Arcadia Ego)"라고 적혀 있다. 이는 "나, 죽음은 아르카디아(이상의 낙원)에도 여전히 존재한다"는 것을 의미한다. [역주]

하며 '평화'와 같은 단어나 '크렘린의 산악파'의 수염 난 얼굴을 스타디움에 멋지게 펼쳐 보인다. 나치즘은 일상 생활에 대한 방대하고도 끈질긴 '미화'에 전념한다. 엄청난 양의 그림과 슬로건, 불꽃놀이, 경기장을 절도 있게 가득 메운 사람들, 또한 가벼운 영화들, 통속물, 그리고 **안락함**(Gemütlichkeit)이 일종의 최면 상태, 다시 말해서 피터 레이첼이 상세히 서술한 바 있는 바로 그 '유혹'을 조장한다.[4] 집단적 나르시시즘에 빠진 '군중들'이 경기장의 거울을 바라보고 행진에 열광하는 동안 살인자들은 그들의 업무를 계속 진행하는 것이다. 그러나 어쨌든 이러한 체제들이 엄청난 수의 대중들을 상대로 벌이는 정도를 벗어난 자기 과시적 취향, 또는 이집트 파라오 시대를 연상시키는 돌·대리석·콘크리트로 만들어진 거대한 건축물들은 마치 제압하듯이 공포감을 불러일으킨다. 보는 이로 하여금 마치 넋이 나간 듯 **꼼짝 못하게** 만드는 이렇듯 거대한 건축물들은 분명 일종의 병리적 징후라고도 할 수 있다.

정신을 마비시킬 정도로——이를테면 유혹(fascination)/독재(fascisation)——유혹적인 미학에, 사실상 폭력을 '은폐'하지 않는 미학, 아니 오히려 폭력을 드러내고, 그 정체를 폭로하고, 포착해서 강력한 관능적 분출 안에 담아내는 미학이 대립한다. 습관적으로 사용하는 어두운 화포와는 확연히 구별되는 매우 정교한 광채로 찬란히 빛나는 색채, 자유로이 분출하거나 빛의

---

[4] Cf., Peter Reichel, 《나치즘의 유혹 *La Fascination du nazisme*》, Odile Jacob, 1993.

흐름으로 입체적인 효과를 띠는 형식이라든지, 그리고 공간적 제약으로부터 자유롭고 개방적인 구성이 완전히 새로운 아르카디아(이상향)로 우리를 인도한다. 이것이 명료하며 탈-공포의 화폭 위에 변형되고 형상화된 우리 '내부의 공간'이다. 그 안에서 자유로운 몽상은 마음껏 발휘되고, 자유로운 형태로 펼쳐지고, 마침내 보들레르 시에서처럼 탁월한 운율로 더할 나위 없이 완벽하게 표현된다. "거기서는 모두가 조화와 아름다움·풍요·고요 그리고 기쁨일 뿐." 첫번째 예로 현대 화가, 마티스의 그림을 들 수 있다. 그의 작품은 예술의 반(反)-공포의 관점을 아이와 같은 천진난만함으로 표현하고 있으며, 이는 보나르·르누아르·뷔야르와 같은 예술가들이, 각자의 독보적인 양식을 유지하면서 공유하는 관점이기도 하다.

예술 작품에 '질서'가 존재하는 이유는 바로 무형과 무질서가 일으키는 폭력을 제거하기 위한 것임에도 불구하고, 형태가 주체에게 어떤 '질서'를 요구한다는 점에서 모든 완결된 형태는 주체에게 폭력적이다. 매 시기마다 예술가들이 형식——스스로를 대상으로 삼는, 달리 말하자면 전복된 형식——자체를 폭력의 고백·확대·절규 또는 폭발로 변형시키면서 형식의 질서에 대항하여 형식의 폭력을 마치 하나의 놀이를 하듯이 즐기는 것을 흔히 발견할 수 있다. 그것은 다다와 초현실주의자들의 행동이——예를 들어 대담한 앙드레 브르통의 제안에 따라 길거리로 나와서는 권총을 함부로 쏘아대는 것——충돌하기 전에 미래주의자들이 떠들썩하게 주장한 바 있는 계획이기도 하다. 마리네티[5]는 《피가로》 신문에 실린 1909년의 선언에서 다음과 같이 주장한다. "우리는 이 세상의 유일무이한 위생법인 전쟁, 군국주의, 애국심, 무정부주의자들의 파괴 행위, 죽음을 찬미하는 관념 그리고 여성에 대한 경멸을 예찬하고자 한다."[6] 제1차 세계대전은 미래주의의 기세를 완전히 붕괴시켰으며, 무솔리니의 파시즘이 그 내용의 일부를 수용하여 대중 선동에 활용한다. 폭력-형식 관계의 대대적인 변화를 일으키는 힘이 실제로 작동하는 곳은 다른 곳이다. 예를 들어 고야의 작품이나, 또는 작품의 형태적 폭력으로 사건의 끔찍함을──독일 공군이 스페인의 작은 도시에 가한 범죄적 폭격──증폭시킨 피카소의 **게르니카**가 입증하듯이, 마치 읽기 쉬운 하나의 이야기처럼 그려지는 주제들 안에서이다. 이뿐 아니라 특히, 말 그대로 조형 예술 작품에서도 여러 예들을 발견할 수 있는데, 특징이 '야수적(fauves)'이라고 알려졌던 야수파가 숨김없이

---

5) Filippo Tommaso Marinetti(1876-1944): 이탈리아 시인 · 소설가 · 극작가. 이집트의 알렉산드리아 출생. 이집트 · 프랑스 · 이탈리아에서 교육을 받았으며 제네바대학에서 법학을 공부하였다. 밀라노에서 잡지를 만들면서 문학적 생애를 시작하였다. 프랑스어로 시를 발표하였으며, 1909년 2월 파리에서 《피가로》지에 〈미래파 선언〉을 발표하면서, 모든 것으로부터의 해방을 목표로 종래의 전통 일체를 물리치고 새로운 문화 창조를 제창하였다. 또 행동주의를 주장하여 문학 및 예술의 모든 분야에서의 실천을 주창하였다. 제1차 세계대전 때에는 오스트리아에 대한 전쟁을 주장했고 무솔리니를 가까이 했으며 장교로서 종군했다. 그의 미래파 운동은 문단보다 미술계에서 큰 호응을 얻었다. 〔역주〕

6) 조반니 리스타(Giovanni Lista)가 각종 연구 · 자료 · 화보들을 모아 출판한 《마리네티와 미래주의 *Marinetti et le futurisme*》, L'âge d'homme, 1977. 이외의 참고 서적으로는 《달밤의 살인자들, 이탈리아 미래주의에 관한 제문제 *Les Assassins du clair de lune, 'Questions sur le futurisme italien'*》, Via Valeriano, Marseille, 1992.

펼쳐 보인 강렬한 색채들의 대비, 거의 괴물로 보일 정도로 괴상하거나 잔인하게 뒤틀려진 얼굴이나 신체, 일상의 조화와 균형을 의도적으로 뒤엎는 구도 등이 그것이다. 그레코나 자코메티의 작품에서 주제가 흡사 고문을 받은 듯 과도하게 늘여져 있다든지, 발둥 그린이나 에곤 실레가 인체의 **뼈**만을 드러내서는, 그것들을 구부러뜨리고, 비틀고 심하게 변형시켜서 삐걱거리게 한다든지, 한스 벨메르가 얼굴과 몸을 해체하고 분절된 기관들을 마치 **패치워크**하듯이 재조립하는 것이나, 이와는 정반대로 프랜시스 베이컨의 그림에서 인간의 얼굴과 몸이 잔혹하게 일그러뜨려져 있는 것 등이 그 예이다. 특히 표현주의는 강렬하고 선명한 색채와 뒤틀리고 날카로운 형태 사이에 서로 비판하고 비난하는 듯한, 즉 서로 충돌하는 관계들이 만들어내는 효과를 **극대화**시켰다. 반 고흐의 작품에서와 마찬가지로, 사회를 고발하는 폭력적 표현으로 스스로를 자처하는 뭉크·놀데·코코슈카·수틴·제임스 엔소르의 작품들은 그들 작품들의 역동성을 통해서 **폭력적 인간**의 광적인 복합성을 탐색하고 있다. 그런데 잊지 말아야 할 점은, 여기서 **폭력적 인간**이란 미학적 조직망, 계산, 긴장감, 쾌감에 몰두하는, **사로-잡힌 폭력적 인간**을 말하며, 이러한 요소들이 폭력적 인간을 고발하는 경향이 있다면, 이는 다름이 아니라 바로——하나의 예술 효과로서——폭력적 인간을 그 자신과 본질로 환원시키고 돌려보냄으로써 그 은밀한 내부 구조를 **반향(反響)**하기 위함이라고 우리로서는 보고 싶다.

이미 앞에서 거론된 바 있듯이, 현대의 폭력은 가장 전형적이고 가장 영향력 있는 자신의 표현 수단을――텔레비전이 제공하는 거대한 공명 상자 외에도――어쩌면 만화와 대중가요에서 찾는 듯하다. 뫼비우스・드루이에・브레시아・리베라토레 또는 시엔키뷔츠와 같은 작가들이 공들여 만든 영상의 세계는 주제・인물・색채・배치・텍스트 등과 같은 폭력의 전 분야로부터 영양분을 섭취한다. 그런데 여기서 폭력은 탈-공포의 효과가 작동하지 못하도록 하는, 다시 말해서 웅장하고, 바로크적이며, 풍자적이고, 개방적인 구성 안에 성공적으로 삽입된 다형의 폭력인 것이다. 록이나 최근 록의 경향인 펑크록이라는 간판을 내걸고 광란과 열광을 일으키는 대중음악의 리듬에 대해서도――왜냐하면 이제는 재즈를 '원시적'이라고 취급하는 경우는 극히 드물기에――이와 같이 말할 수 있어야 할 것이다. 그런데 펑크록은――그룹의 이름 자체가 불안을 조장할 뿐 아니라 'destroy,' 즉 파괴하고, 전멸시키자는 슬로건에 의도적으로 동조하는 듯한 인상을 주는――영국의 그룹, 섹스 피스톨스(Sex Pistols)의 음악으로 대표된다.

이제까지 우리를 비추어 준, 살인적이고 눈이 멀 정도로 격렬한 섬광, 천둥번개와 사방을 불사르며 타오르는 불길에도 불구하고 폭력을(또는 폭력으로) 인도하는 그 길과 목소리를 우리는 여전히 식별하지 못하고 있다. "소란과 광란"이 언제나 새로운 힘으로 온갖 곳에서 얼마나 도도히 승리하는지를 알게 된 지금, 우리의 의무란 말・담화・영상 그리고 노래 등이 얼마나 엄청난 힘으로 예견할 수도 없고 불길하기만 한 결과로 이어질 수 있는가에 대해 심사숙고하는 것이며, 따라서 그저 단순히 "파괴하다"에 얼마나 많은 양의 폭력이 들어 있을 수 있는지에 대해 우려해야 하는 것이다.

참고 도서

여기서 우리가 소개하는 도서들은 지극히 일부이며 주관적인 판단 아래 선정된 것인데, 사실상 그 어떤 서적도, 어떤 성찰도, 어떤 저술도 폭력을 관심 있게 다루지 않은 것은 없기 때문이다.

R. Antelme, *L'Espèce humaine*, Gallimard, 1978.

A. Artaud, *Œuvres complètes*, XXV vol., Gallimard, 1970-1990.

G. Bataille, *Œuvres complètes*, XII vol., Gallimard, 1970-1988.

W. Blake, *Le Mariage du Ciel et de l'Enfer*, 1973; La Jeune Parque, 1946.

R. Caillois, *L'Homme et le sacré*, 1950, Gallimard, 1963.

A. Camus, *L'Homme révolté*, Gallimard, 1951.

J.-C. Chesnais, *Histoire de la violence*, Laffont, 1981.

H. M. Enzensberger, *Politique et crime*, Gallimard, 1967.

É. Fromme, *La Passion de détruire*, Laffont, 1975.

R. Girard, *La Violence et le secré*, Grasset, 1972.

F. Hacker, *Agression-violence dans le monde moderne*, Calmann-Lévy, 1972.

P. Karli, *L'Homme agressif*, Odile Jacob, 1987.

E. Kogon, *L'État S. S.*, Seuil, 1970.

P. Levi, *Si c'est un homme*, Julliard, 1987.

M. Merleau-Ponty, *Humanisme et terreur*, Gallimard, 1947.

Y. Michaud, *La Violence*, P.U.F., 1986.

D. Rousset, *Les Jours de notre mort*(1947), *Ramsay*, 1988.

— *L'univers concentrationnaire*, 1945, Minuit, 1965.

F. Stirn, *Violence et pouvoir*, Hatier, 1978.

M. Weber, *Le Savant et le politique*, 1919, Plon, 1959.

국제사면위원회는 세계 각지에서 자행되는 인권 침해 사례에 대한 보고서를 매년 발표한다. 이 보고서는 어느 정도 한계가 있기는 하나 세계 각처에서 벌어지고 있는 폭력에 대해 확인 과정을 거친 후 문서화하는 매우 엄격히 고증된 평가 자료이다.

색 인

《1984년 Nineteen Eighty-four》 76,86
가피오 Gaffiot, Félix 12
간디 Gandhi, Mohandas Karamchand 106
《개인 폭력, 집단 폭력 Violence Privées, violence collectives》 11
고생 Gaussen, Frédéric 11
고야 Goya y Lucientes, Francisco José de 111
고흐 Gogh, Vincent van 112
골딩 Golding, William 54
《규방의 철학 La Philosophie dans le boudoir》 94
그레코 Greco, El 112
《기억, 희망에 대하여 Souvenirs, Contre tout espoir》 90
기유 Guillou, Jan 56
《나와 너 Je et Tu》 70
《나의 투쟁 Mein Kampf》 88
네차예프 Nechaev, Sergei Gennadievich 43
〈노스페라투 Nosferatu〉 81
놀데 Nolde, Emil 112
뉴만 Neumann, Franz 96
니체 Nietzsche, Friedrich 98
데카르트 Descartes, René 64
뒤샹 Duchamp, Marcel 54
라보에티 La Boétie, E. de 85
라우츠 Rawicz, Piotr 35
라이히 Reich, Wilhelm 87
랑 Lang, Fritz 64
랑크 Rank, Otto 50,51

레닌 Lenin, Nikolai 33,34
레이첼 Reichel, Peter 109
레제 Léger, Fernand 108
로시닝 Rauschning, Hermann 87
롤랑 Rolland, Romain 106
룀 Röhm, Ernst 88
루소 Rousseau, Jean-Jacques 66
루시디 Rushdie, Salman 101
르나르 Renard, Jules 54
르누아르 Renoir, Pierre Auguste 110
르부와이에 Leboyer, Frédéric 50
《리바이어던 Leviathan》 96
마르크스 Marx, Karl 8,85,98
마리네티 Marinetti, Filippo Tommaso 110
마오쩌둥〔毛澤東〕 59
마키아벨리 Machiavelli, Niccoló 85,97
마티스 Matisse, Henri 110
만델스탐 Mandelstam, Nadejda 90
말레취웬 Malleczewen, Reck 90
〈매 맞는 아이 Un enfant est battu〉 51,52
〈메트로폴리스 Metropolis〉 64
모로 Moro, Aldo 42
모어 More, Thomas 74
무솔리니 Mussolini, Benito 59,99, 111
무질 Musil, Robert 57,58
뭉크 Munch, Edvard 112
미쇼 Michaux, Henri 67,68

바르카 Barka, Vassil 35
바쟁 Bazin, Hervé 54
바쿠닌 Bakunin, Mikhail Aleksandrovich 43,85
〈반대 Contre〉 67
베르그송 Bergson, Henri Louis 8,64
베이컨 Bacon, Francis 112
《베헤못 Béhémoth》 96
벨메르 Bellmer, Hans 93,112
보나르 Bonnard, Pierre 110
보들레르 Baudelaire, Charles Pierre 110
볼테르 Voltaire 66
부버 Buber, Martin 70
뷔야르 Vuillard, Édouard 110
브르통 Breton, André 110
브룩 Brook, Peter 54
블로흐 Bloch, Ernst 76
사드 Sade, Donatian Alphonse François, Comte de 13,93,94,95
《사랑의 범죄 Les Crimes de l'amour》 93
사르트르 Sartre, Jean-Paul 13,99,100
〈사이코 Psycho〉 81
〈살아난 시체들의 밤 Night of the Living Dead〉 81
《생도 퇴를레스의 혼란 Les Désarrois de l'élève Törless》 57
생 쥐스트 Saint-Just, Louis Antione Léon de 85
《소돔의 120일 Les 120 Journées de Sodome》 93
소렐 Sorel, Georges 13,98,99
《손아귀에 든 독사 Vipère au poing》 54
솔제니친 Solzhenitsyn, Aleksandr 32,33,34,106
《수용소 군도 Arkhipelag Gulag》 32
수틴 Soutine, Chaim 112
스탈린 Stalin, Iosif Vissarionovich 33,35,36,37,88,101
아도르노 Adorno, Theodor Wiesengrund 64
《아동 정신분석학 La Psychanalyse des enfants》 52
아렌트 Arendt, Hannah 8,9,87,100
아롱 Aron, Raymond 85
아리스토텔레스 Aristoteles 9
아우구스티누스 Augustinus, Aurelius 85
아퀴나스 Aquinas, Thomas 85
아폴리네르 Apollinaire, Guillaume 73,74
《악마의 시 Les Versets sataniques》 101
에히만 Eichmann, Adolf 27
엔소르 Ensor, James 112
엥겔스 Engels, Friedrich 100
오든 Auden, Wystan Hugh 61
오르테가 이 가세트 Ortega y Gasset, José 59
오웰 Orwell, George 76,86,87
오치 Osty, Émile 14,21
위고 Hugo, Victor 48
《유토피아 Utopia》 74
《자기 땅에서 유배당한 사람들 Les Damnés de la terre》 99
자코메티 Giacometti, Alberto 112
《증오와 수치 La haine et la honte》 90

지드 Gide, André 54
차코틴 Tchakhotine, Serge 88
〈창세기 Genèse〉 13,14,15,16,20,23, 25,60,67
카트린 Catlin, Georges 32
코코슈카 Kokoschka, Oskar 112
크롬웰 Cromwell, Oliver 31
클라인 Klein, Mélanie 52
《탄생의 외상 Le Traumatisme de la naissance》 50
〈테베를 공격하는 7인 Les Sept contre Thèbes〉 18
토크빌 Tocqueville, Alexis Charles Henri Maurice Clérel de 85
《토템과 터부 Totem und Tabu》 97
파농 Fanon, Franz 99,100
《파리대왕 Lord of the Files》 54
파졸리니 Pasolini, Pier Paolo 93
페기 Péguy, Charles 18,74,102
페탱 Pétain, Henri Philippe 101
펠루티에 Pelloutier, Fernand 99
포 Poe, Edgar Allan 77
《폭력론 Réflexions sur la violence》 98
《폭력 없는 탄생을 위하여 Pour une naissance sans violence》 50
《폭력의 제조 La fabrique de violence》 57
푸생 Poussin, Nicolas 108
프로이트 Freud, Sigmund 51,52, 71,81,97,98
플라톤 Platon 85
피카소 Picasso, Pablo 111
하이데거 Heidegger, Martin 88
〈행동하라, 내가 간다 Agir, je viens〉 68
헤겔 Hegel, Georg Wilhelm Friedrich 85,105
헤라클레이토스 Heracleitos 73
호르크하이머 Horkheimer, Max 64
《호모 루덴스 Homo Ludens》 9
호이징가 Huizinga, Johan 9
홉스 Hobbes, Thomas 13,85,95,96
《홍당무 Poil de carotte》 54
《희망의 원리 Le Principe Espérance》 76
히틀러 Hitler, Adolf 36,87,88,90, 101
힐버그 Hilberg, Roul 27

최윤주
가톨릭대학교(옛 성심여대) 불문과 졸업
프랑스 파리7대학 불문학 박사
현재 가톨릭대학교 강사
논문: 〈부조리의 미학, 반항의 윤리—알베르 카뮈 작품의
'불안함'과 '낯섦'〉
〈알베르 카뮈의 《이방인》 연구— '반대 오이디푸스'에서
'반(反) 오이디푸스'로〉

폭 력

초판발행 : 2006년 6월 10일

東文選

제10-64호, 78. 12. 16 등록
110-300 서울 종로구 관훈동 74
전화 : 737-2795

편집설계 : 李姃旻

ISBN 89-8038-578-1 94100
ISBN 89-8038-050-X(세트 : 현대신서)